조직심리 기반의 미래창조 리더십

FUTURE CREATIVE LEADERSHIP

조직심리 기반의 미래창조 리더십

발행일	2013년 3월 15일
지은이	박재호
발행인	오성준
발행처	카오스북
등록번호	제406-2012-000111호
주소	경기도 파주시 문발동 507-9번지
전화	031-949-2765
팩스	031-949-2766
웹사이트	www.chaosbook.co.kr
디자인	디자인콤마
삽화	김범석
인쇄처	이산문화사
ISBN	978-89-98338-31-2 93190
정가	15,000원

조직심리 기반의

미래창조 리더십

FUTURE CREATIVE LEADERSHIP

박재호 지음

머리말

"자기변화로 시작하는 긍정적 미래창조 리더십을 위해"

이 책은 누구나 간절히 염원하는 긍정적 미래창조를 위해 '조직심리를 기반'으로 한 '리더십 개발'을 다루었다.

최근 리더십을 다룬 책은 그 종류가 수도 없이 많고, 리더십에 대한 정의는 이 분야를 공부하는 사람의 숫자만큼 많다. 그럼에도 불구하고 리더십처럼 사람들의 의견이 불일치하는 분야도 없다. 사람들은 "내가 말하면 다른 사람들이 조건반사적으로 따라오는 카리스마 리더십"을 동경한다. 그런데 이것은 그야말로 꿈같은 리더십이 아닐 수 없다. 지금까지 살아오면서 가장 가까운 관계인 가족, 친구, 동료 그리고 자녀들 중에서 내 말만 듣고 자동적으로 따라온 사례를 몇 번이나 보았는가?

리더십은 '자기변화'에서 시작한다. 개인이 먼저 시작하여 그 다음 단계가 집단 및 팀 리더십이고 마지막 단계가 조직 리더십이다. 리더십을 구성하는 역량 요소들은 다양하다. 그런데 이 같은 요소들을 학습하고 체화하는 데는 학교 교육만으로는 절대적으로 부족하다. 리더십은 자전거 타기나 피아노 연주와 같이 그 스킬을 몸에 익히지 않으면 발휘하기가 어렵다.

이 같은 이유에서 이 책은 독자들과 함께 단계별로 실습을 하면서 각 역량에 대한 느낌, 감성 그리고 체험을 쌓아 갈 수 있도록 구성하였다. 이를 위해 텍스트 위주의 이론식 구성을 과감히 탈피하여 보다 이해하기 쉽고 실제적으로 느낄 수 있도록 각종 그림과 도표 및 핵심정리를 중심으로 한 눈에 이해할 수 있게 하였다. 더불어 제시된 실습을 통해 실제적인 자기변화와 창조력을 이끌어낼 수 있도록 하였다.

이 책은 저자가 그간 대학 및 국내외 리딩 기업들을 대상으로 가르치고 연구해 온 핵심 내용들을 기반으로 집필하였다. 국내기업으로는 삼성전자, LG전자, POSCO 등이 여기에 포함된다. 필자가 이 책에서 특히 강조한 영역은 창조력과 혁신력 그리고 TRIZ와 같은 테크놀러지이며, 이 같은 영역이 조직심리차원에서 리더십과 융복합Convergence되는 분야이다.

필자가 가끔 "국력이 무엇이라고 생각합니까?"라는 질문을 교육생들에게 던진다. 이 질문에 대해 내가 생각하는 정답은 인구, 국토 면적, 지하자원 매장량 등의 물리적인 지표가 아니다. 국력이란 "개인 한 사람 한 사람이 가진 경쟁력"이다. 이 책을 통해 개인 한 사람 한 사람의 경쟁력을 높이고자 하는 것이 필자가 간절히 소망하는 궁극적인 저술 목적이다.

2013년 3월

박재호

저자 약력

박재호
∘朴在鎬

인적 사항

- 경복고등학교 졸업
- 서울대학교 심리학과 학부 및 대학원 졸업
- 독일 Goettingen 대학교 대학원 사회심리학 박사
- 영남대학교 심리학과 학과장 및 대학원 주임교수
- 영남대학교 명예교수
- 한국 TRIZ 학회 "국제학술대회" 조직위원장

Training, Development, Consulting

국내

- 고객만족 2000 프로그램, LG전자, "전사적 고객만족 프로그램"
- 신경영 "나부터 변하자." 삼성그룹, 인력개발원
- LG전자 & Philips, M&A 프로세스 컨설테이션
- 임원 Negotiation Skill Workshop, LG화학
- POSCO Cross-cultural Leadership

해외

- SEMATEC Consulting, Texas Austin, US
- Japan FMIC(Future Management and Innovation Consulting)
- LG Philips Displays
- Hyundai Motor Company, Tijuhana, Mexico
- Samsung Electronics, Tijuhana, Mexico
- Philips, the Netherlands
- Toppan Publishing Company, Japan
- Applied Materials, USA

대학교류

- Harvard대학교 교환교수(R. F. Bales교수 공동연구)
- CSPP(California School of Professional Psychology), Teaching Professor
- University of Michigan(Ann Arbor), Research Professor
- Yokohama National University, Research Professor
- Trondheim University(Norway), Teaching Professor
- Meio University, Okinawa Japan, Teaching Professor

컨설팅 네트웍

- THT Cross-cultural Consulting, Amsterdam, the Netherlands, Partner
- SYMLOG CONSULTING, San Diego, US, Partner
- CCL(Center for Creative Leadership), North Carolina, US, Liscencee
- Global Integration - Cross cultural Consultation -, UK, Partner

저서 및 출판

- 성공취업을 위한 스마트 조직심리
- 창조의 심리학
- 자기개발 리더십
- 커뮤니케이션 스킬
- 의사소통 기술
- 성공하는 사람의 7가지 습관(초판)
- 현대 조직심리학
- 소비자 행동연구
- 고객감동으로 가는 길
- 사회과학에서의 장이론(Kurt Lewin, Field Theory in Social Sciences), 대우문화재단지원
- 미국 우량기업연구(In Search of Excellence), 번역본
- 일본의 실상과 허상

목차

Module 1

환경변화, 미래창조 그리고 긍정 리더십

리더십이란?

리더십은 빙산모델

리더십은 '자기 변화'이다. 많은 사람들은 "리더십이 다른 사람에게 영향을 미쳐서 다른 이들이 자기의 뜻에 따라 행동하도록 하는 스킬"이라고 오해하고 있다.

리더십의 유형은 바다 위에 떠있는 빙산과 비슷하다. 눈에 보이는 빙산은 물 위에 뜬 5%에 불과하다. 바다 속에 있는 빙산의 95%는 우리가 보지 못 하는 것이다.

리더십 역시 이와 같다. 리더십을 발휘했을 때 가져오는 가시적인 성과가 눈에 보이는 빙산의 일각이라면, 여기에 작용하는 것은 물밑에 있어 보이지 않는 95%를 체계적으로 개발하는 능력이다.

즉 자기 내면에서 출발하여 외부로 지향하는 리더십이 되지 않으면 안 된다. 다시 말해 나부터 변화하고 '현재, 여기에서 그리고 지금 당장' 시작하지 않으면 리더십은 개발되지 않는다. 지휘하고 명령하던 리더십 모델은 점차 그 영향력을 상실해 가고 있다. 그 대신 자기 자신으로부터 시작하는 '자기변화 리더십'이 새로운 모델이다.

이 같은 새로운 모델이 리더십의 궁극적인 목적인 다른 사람들이 나의 생각과 뜻에 따라 행동하는 결과를 가져온다. 이 같은 경향은 사회심리학을 포함하는 행동과학에서 전반적으로 널리 확산되고 있는 추세이다. 이는 한국 사회뿐만 아니라 유럽과 미국, 그리고 일본 등에서도 공통으로 확산되고 있다.

이상적인 리더십이 가져올 성과인 빙산 위의 결과를 얻기 위해서 우리는 반드시 바닷물 속에 있는 보이지 않는 아랫부분으로부터 시작해야 한다.

그리고 이 같은 구조가 바로 본 책 '조직심리 기반의 미래창조 리더십' 프로그램의 기본 설계도이다.

추적자에서 선도자로

희망의 밀레니엄 21세기로 진입한지 어언 13년째가 되었다. 우리는 지난 100년간 변화에 둔감했던 결과 일본에게 강점당해 잃어버린 36년의 치욕을 맞았었다. 게다가 스스로 쟁취하지 못하고 남이 가져다준 해방과 그 결과로 인한 세계사에 유래 없는 민족 상쟁의 한국전쟁과 그 폐해를 20년 이상 경험하여 왔다. 우여곡절 끝에 간신히 시작한 경제개발의 성과는 또다시 국제화와 글로벌리제이션이라는 이름으로 닥쳐온 외환위기 IMF체제 등에 무장해제 당하는 등 끝도 없는 상처투성이 역사로 점철되어 왔다.

지금부터 전개되는 세기는 과거와 전혀 다르다. IT 및 ICT를 선두로 한 기술경쟁의 가속화는 분야를 막론하고 1등만 살아남을 수 있게 한다. 최근 50년간의 기술변화의 속도는 과거 5,000년 한국 역사에서 일어난 변화보다 더 빠르다.

이제 모든 것은 시간과 속도 경쟁을 해야 한다. 빠른 것이 느린 것을 잡아먹는 시대가 도래한 것이다. 천천히 변화해서는 변화하지 않는 것 보다 못하다는 가정이 여기서 생겨났다.

국제화 및 세계화의 가속화로 글로벌 경제전쟁은 본격화되었다. 거인들과 체결한 FTA는 체중에 관계없이 상대 선수와 링에서 1대1 맞상대를 강요하고 있다. 체중 50Kg급 플라이급 선수와 95Kg 헤비급 선수가 체급에 관계없이 링에서 1대1 맞짱 시합을 벌이는 것이 룰이 되었다. 이것이 밀림의 법칙에 입각한 글로벌 전쟁이다.

지중해에서 대서양, 그리고 태평양으로 세계 문명이 이동하는 시대에 접어들면서 중국이 부상하고, 인도가 용트림하며, 뒤따르는 베트남 및 인도네시아, 나아가 미얀마와 캄보디아 등이 새로이 무대에 등장하면서 희망과 도전의 시대를 열고 있다. 동양권 국가들의 환골탈퇴는 우리에게도 많은 가능성과 기회를 제공한다. 여기서 성과를 거둘지 여부는 개인, 집단 그리고 조직의 몫이다.

리더십 모델

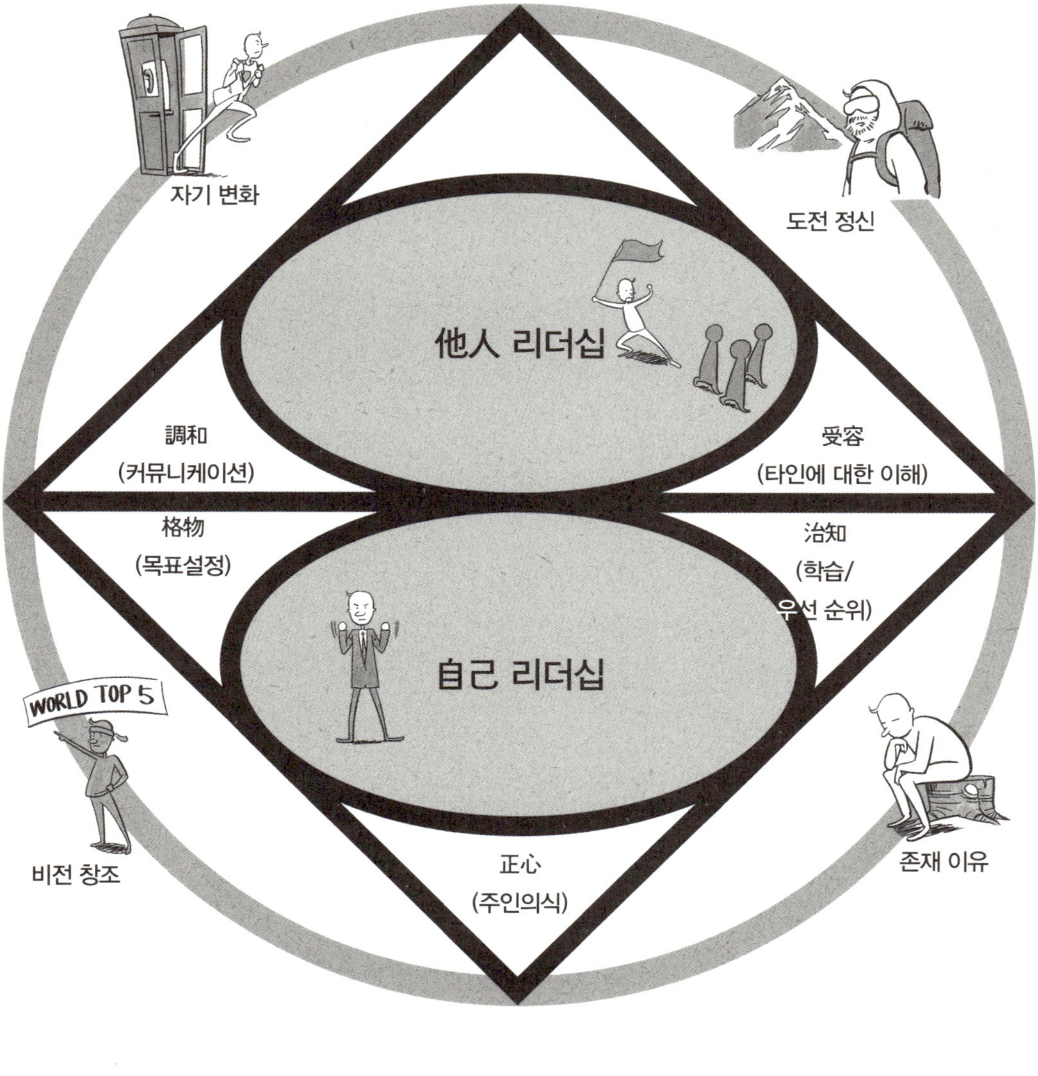

자기 변화
도전 정신
他人 리더십
調和
(커뮤니케이션)
受容
(타인에 대한 이해)
格物
(목표설정)
治知
(학습/
우선 순위)
自己 리더십
WORLD TOP 5
비전 창조
존재 이유
正心
(주인의식)

나는 오늘날과 같은 미래창조 지식기반 사회의 일원으로 무엇을, 어떻게 계획하고 대비하고 있는가? 나는 21세기를 긍정적 • 적극적으로 받아들이고 미래를 준비하기 위해서 지식, 지혜 그리고 새로운 정보와 지식을 만드는 창조성Creativity으로 무장되어 있는가? 나아가 나는 스스로에게 리더십을 발휘하여 '내 자신의 미래'를 준비하고 있는가?

Point

*기술경쟁 및 혁신경쟁

- 기술력의 대 변화, 지난 50년 〉 지난 5000년
- 혁신은 일시적 이벤트가 아닌 수시적이고 항시적인 이벤트

*시간 및 속도경쟁

- 불확실성, 난기류, 불연속성, "빠른 것이 느린 것을 잡아 먹음"

*글로벌 경제전쟁

- 밀림의 법칙, 새로운 부국강병론, 기업이 강국을 만든다

*지역경쟁 : 환태평양 시대Asia Pacific Rim

- 중심축의 이동: 지중해 ⇒ 대서양 ⇒ 태평양
- 힘의 중심은 환태평양: 동양의 Mind, 젓가락 문화 등

*지식기반 경쟁: 미래 지향 창조력 인덱스Index

- 소유의 종말, 접속의 시대, Dream Society
- 지식, 정보, 창조성, 그리고 혁신력. TRIZ

21세기 한국 어떻게 변하고 있는가?

급변하는 한국사회

지구상에 국가다운 국가가 약 200개 정도 있다. 그 중 한국처럼 그 변화의 양과 질 그리고 속도가 빠른 나라는 없다. 과거 우리가 가졌던 가치와 덕목이 도시화, 소자화少子化 그리고 고령화 때문에 급격히 바뀌고 있다.

나는 이처럼 빠르게 변화하는 환경을 인지하고 준비를 하고 있는가? 혹시 부모님 세대가 30~40년 전에 가지고 있던 세계관과 가치관을 통해서 내 자신의 미래를 보고 있는 것은 아닌가?

자식을 전혀 낳지 않거나, 출산을 해도 하나만 낳는 소자화少子化 현상과 노인 인구의 급격한 증가 추세는 OECD 국가 중에서도 한국이 가장 빠르다.

젊은 사람들은 결혼을 하지 않고 살거나, 결혼을 한다고 해도 과거보다 나이가 충분히 든 뒤에 하는 만혼晩婚 경향이 두드러지게 나타나고 있다. 그 결과 세대를 구성하는 가족의 수가 급감하고 있다. 부부만 살든지, 어느 한 쪽의 사망으로 혼자 사는 세대가 급격히 늘고 있다.

세대별 변화는 조기 퇴직자의 증가로 인생의 제3단계The Third Stage를 새롭게 설계해야 하는 5060세대를 수없이 탄생시키고 있다. 경제는 국민소득이 1,000불에서 10,000불까지는 "하면 된다."는 정신과 '헝그리hungry 정신'으로 초고속으로 달려왔으나, 20,000불 고지 앞에서 주춤거리다 조금 나아가기를 몇 년째 반복하고 있다. 노사갈등, 노동환경의 변화 그리고 경제환경의 급변 등은 한국 경제라는 배가 격랑 속에서 흔들리며 한치 앞을 내다보지 못하게 하고 있다.

접속의 시대ICT의 시대로 접어들면서 스마트폰, 아이패드는 필수품이 되었다. 인터넷 사용자가 세계 4위인 한국은 '산업화'는 늦었지만, '정보 기술화Information Technology'에는 발

빠르게 나아가고 있다. IT시대 다음에 전개될 유비쿼터스 시대, 나노 시대 그리고 미래창조 시대를 맞이하여 개인 및 조직이 어떻게 준비를 하는가가 지속적 성장의 관건이 되고 있다.

개인은 자신의 정신적 풍요를 무엇보다 앞세워 추구하는 개인주의 성숙사회로 바뀌고 있다. 그 결과 '우리'보다 '나'를 앞세우고, 공동체 의식보다 에고이즘이 지배하는 시대로 접어들고 있다.

Point

* 급변하는 한국사회

- 소자화, 고령화
- 비혼화, 만혼화
- 세대수의 감소: 전체의 50%가 2인 이하 세대
- 세대별 변화: 인생 제3단계The 3rd stage 진입한 '신 정년세대', 5060세대의 정년돌입
- 경제: 저성장 시대로 진입, 치열한 환율전쟁 그리고 선진국의 무제한 양적완화
- 정보화: 스마트폰, 아이패드, 인터넷은 필수품
- 성숙사회: 개인주의, 개인의 정신적 풍요 중시, "우리보다 나를 앞세우는 사회"

미래창조를 위한 도전

우리는 미래를 두려워 한다. 왜냐하면 미래가 어떤 모양으로 다가올지 모르기 때문이다. 미래는 마치 도둑고양이처럼 예고하지 않고 느닷없이 찾아온다. 미래에 대해서 모르기 때문에 무방비할 뿐만 아니라 속수무책이기 십상이다 보니 미래가 두렵다.

내일이 어떻게 될지 모르는 상황에서 우리는 미래를 기획해야 한다. '불확정성'으로 쌓인 미래는 우리에게 불편할 뿐만 아니라 또 부자유스럽게 만든다. 미래가 만드는 블라인드 스폿Blind spot은 사람들을 운명론자로 만든다. 미래에 대해 알고자 하는 질문을 포기하고 자포자기 운명론자로 전락시키는 것이다.

아랍 속담에 "확신을 가지고 미래를 예언하는 것은 불가능하다. 미래를 예언하는 사람은 비록 진실을 말할 지라도 거짓말을 하는 것이다."라는 말이 있다.

앞으로 전개될 미래에 대한 연구는 미국 공군에서 군사목적에서 출발하여 허먼 칸Herman Kahn이 주도하다가 스탠포드대학의 미래연구소로 옮겨 이 연구를 계속하였다. 그 후 다시 유럽으로 건너가 석유 메이저인 로얄 더치 셸Royal Dutch Shell에서 피에르 왁Pierre Wack 등과 본격적으로 연구하였다.

미래를 예측하고 준비하는 미래 디자인이야 말로 개인, 가정, 조직, 국가 모두에게 절실히 필요하다. 미래를 볼 수 없으면 혁신을 이끌어 낼 수가 없다. 그런데 인간만이 '미래를 예측할 능력'을 가지고 있다. 또 "인간만이 미래에 대한 스토리를 만들 수 있다."고 스웨덴의 유명한 신경생물학자인 윌리엄 칼빈William Calvin과 데이비드 인바르David Ingvar가 주장하였다. 이들은 인간만이 가진 "미래에 대한 스토리를 말할 수 있는 역량"은 '대뇌'에 심어진 능력Hard-wired이고, 이것은 언어를 구사하는 능력과 연관이 된다고 밝혔다. 따라서 10년 또는 20년 앞의 미래를 계획할 수 있고 계절 변화나 지진 예측보다 더 어렵고 예외적인 상황도 예측할 수 있다고 밝혔다.

등산을 즐기는 사람은 앞서 산에 올라가는 사람이 실수로 돌을 굴릴지도 모른다는 예측하에 사전에 대비함으로써 사고를 피할 수 있다. 축구선수나 미식축구선수는 공이 어디로 갈지 예측하는 의식적 또는 무의식적으로 탁월한 능력을 가지고 있다. 이는 공이 굴러가는 방향과 속도를 산출하는 능력Ballistic-calculating abilities과 상상적 선견력Imagination foresight으로 이루어진다.

미래예측력을 향상시키는 것은 자신에 대한 리더십을 높이는 것이다. 미래 예측은 '강력한 질문력'에서 출발한다. 심층적 질문Deep questionning을 통한 심층적 생각Deep thinking이야 말로 미래를 준비하게 하는 첫 번째 단계이다.

다음에 로얄 더치 셸Royal Dutch Shell에서 개발한 미래창조 시나리오를 제시하였다. 본 리더십 과정을 진행시키기 이전에 자기 자신의 미래에 대해서 질문하고 대답하여 '미래 시나리오'를 만들어 보자.

개인 미래창조 시나리오

제 1단계

(1) 향후 5년~10년 후 내 자신의 미래에 심각하게 고려해야 할 문제에는 무엇이 있을까?

(2) 어떤 요인들이 5~10년 후 나의 미래에 결정적인 영향을 미칠 것인가?

(3) 나는 자신의 미래에 대한 중대한 결정을 할 때 어떤 마음으로 임해야 하는가?

제 2단계

(1) 나의 미래(5~10년 후)에 반드시 고려해야 하는 미시적 환경의 핵심요소에는 무엇이 있는가? 구체적인 핵심요소들을 나열하라(개인, 가정, 동료, 기타)

(2) 성공적 미래창조를 위해 반드시 고려해야 하는 미시적 환경의 핵심요소들을 우선순위 별로 나열하고 그 이유를 각각 서술하라.

제 3단계

(1) 5~10년 후 미래에 반드시 고려해야 하는 거시적 환경의 핵심요소에는 무엇이 있을까? 그 핵심요소들을 나열하라 (거시적 환경: 정치, 경제, 사회 그리고 국제적 요소 등)

(2) 성공적 미래창조를 위해 반드시 고려해야 하는 거시적 환경의 핵심요소들을 우선순위별로 나열하고 그 이유를 각각 기술하라.

제 4단계: 긍정적 미래 시나리오 Positive Future Scenario

(1) 5~10년 후 나의 미래는 성공적으로 달성되었다. 어떤 요인들이 이 같은 성공에 결정적 기여를 하였는가? 그 요인들을 적어도 3개 이상 나열하라.

(2) 성공적 미래 살림을 위해서 나는 지금까지 어떻게 준비해 왔는가? 준비와 관련된 내 자신의 태도, 가치관, 동기, 핵심유형 등을 기술하라.

(3) 내가 성공적인 미래창조를 하는 데 주변의 사람들로 부터 어떤 지원을 받았기에 '목표달성'이 가능했는가?

제 5단계

(1) 5~10년 후 미래창조가 실패로 귀결되었다. 어떤 요인들이 작용하여 이 같은 결과가 나왔는가? 그 요인들을 적어도 3가지 이상 나열하라.

(2) 실패한 결과를 가지고 오는 데 작용한 나의 타도, 가치관, 동기 결들유형 등을 기술하라.

(3) 나는 주변의 사람들로 어떤 지원을 받지 못했기에 '목표달성'이 불가능했는가?

제 6단계

내가 선택한 긍정적 미래Positive Future를 중심으로 "미래 시나리오"를 작성하라 (1단계에서 4단계까지를 중심으로).

뉴 패러다임: 긍정심리학의 탄생

- 긍정심리학Positive psychology은 새롭게 태어난 심리학이다. 전통 심리학에서의 "사람이란 이기적이고, 적응을 잘 못하며, 정신병에 잘 걸린다."고 보는 프로이드Sigmund Freud의 '질병 모델'에 도전하면서 탄생하였다. 이 새로운 심리학은 사람들에게 희망과 빛을 주고자 할 뿐만 아니라, 사람은 무한한 잠재력, 창조력 그리고 긍정적 파워를 가진 존재라고 본다.
- 긍정심리학은 사람들이 가진 부정적인 면보다 긍정적인 면에 초점을 맞춘다. 나아가서 개인의 장점 및 강점, 더 나은 삶의 추구, 창조성 개발, 창조적 생활영위, 창조적 일하기 등에 초점을 맞춘다.
- 스트레스를 받는 사람을 코칭Coaching 및 카운슬링Counseling해 주고 정신신경증을 가진 사람들을 치료하던 과거 심리학에 비하여 새로운 미션New mission을 가지고 탄생한 것이 긍정심리학이다. 즉 문제를 가진 사람들을 치료할 뿐만 아니라 문제가 없는 건강한 사람, 정상적인 사람들이 더욱 건강하게 잘 살아가도록 하는 방법이 무엇인가를 연구하고 개발한다.
- 미래를 긍정적으로 보고 인간이 가진 무한한 잠재력과 창조력에 대해서도 지금까지와는 전혀 다른 전제 및 가정에서 출발한다. 사람이야말로 병과 문제투성이로 보고 접근해 온 '질병 모델 심리학'과는 완전히 다른 접근법에서 긍정심리학은 출발하였다.

Point

긍정적인 사람을 만드는 요소

끈기, 유머, 용기, 신뢰,
인내, 회복력, 수용력,
융통성, 정직, 몰입.

긍정적 자기발견

과거에 당신이 직면했던 어려운 역경을 이겨낸 적이 있다면,
이것을 가능케 한 힘은 무엇입니까?
실제 사례를 다음에 적어 보세요.

0. 역경 극복 사례:

1. 언제:

2. 어디서:

3. 어떻게:

4. 왜:

5. 누구와 함께:

긍정성의 구성요소

긍정심리학에서 말하는 긍정성Positivity은 막연한 '긍정, 수긍, 인정'을 의미하는 것이 아니다. 긍정성을 구성하는 요소는 다음과 같이 다양하다.

1. 지혜와 지식: 지식의 획득과 사용을 수반하는 인지적 능력.

• 창조력/독창력/고안력: 일을 하기 위해 새롭고 생산적인 방법을 생각함.
: 예술적인 성취를 포함하지만 그것에 제한되지는 않음.

• 호기심/흥미: 모든 경험에 흥미를 가짐.
: 모든 문제와 화제가 흥미진진하다고 여기고 이를 탐험하고 발견함.

• 판단력/활동적인 열린 마음상태: 여러 방면에서 사물을 사고하고 검토함.
: 성급하게 결론을 내리지 않음.
: 증거에 비추어 자신의 생각을 바꿀 수 있음.
: 모든 증거를 공정하게 평가함.

• 배움을 좋아함: 새로운 기술, 화젯거리, 지식체계 등에 정통함.
: 명백히 호기심의 강도와 관련이 되어 있으나 자신이 알고 있는 지식에 체계적으로 추가하려는 경향을 가짐.

• 전체적 시야: 다른 사람들에게 현명한 조언을 제공할 수 있음.
: 다른 사람들이 이치에 닿게 세계를 볼 수 있도록 노력함.

2. 용기: 내적 혹은 외적인 반대에 맞서 목표를 달성하고자 하는 의지의 행사를 포함하는 정서적인 능력.

- 용감/용맹: 위협, 도전, 어려움 혹은 고통으로부터 위축되지 않음.
  : 반대가 있더라도 무엇이 옳은가에 대해 당당히 말할 수 있음.
  : 인기가 없더라도 확신을 갖고 행동함.
  : 물리적인 용기를 포함하지만 그것에 제한되지 않음.

- 근면/인내/진실성: 사실을 말하지만 더 폭넓게 진실한 방식으로 자신을 내보임.
  : 가식 없음.
  : 자신의 감정과 행위에 책임짐.

- 성실/정직/진실성: 사실을 말하되 더욱 분명하게 진실한 방법으로 자신을 표현함.
  : 허위나 가식이 없음.
  : 자신의 감정과 행동에 대해 책임짐.

- 활기/열정/열중: 흥분과 에너지를 갖고 삶에 임함.
  : 불충분하거나 성의 없이 일을 처리하지 않음.
  : 모험가로서 인생을 삶.
  : 살아있음과 활력이 있음을 느낄 수 있음.

3. 사랑: 다른 사람들을 돌보고 친구가 되는 것을 포함하는 대인 능력.

- 친밀감/상호애착: 함께 나누고 서로 돌보아 주는 속에서 다른 사람들과 친밀한 관계를 맺는 것에 가치를 부여함.

- 친절/관대/배려/이타주의: 다른 사람에게 은혜를 베풀고 좋은 일을 행함.
  : 그들을 도우고 또 돌보아줌

• 사회적 지능: 타인 및 자신의 동기와 감정을 적시에 파악함.

: 다양한 사회적 상황에 맞추어 어떻게 행동할 것인지를 앎.

: 무엇이 사람들을 그렇게 행동하도록 만드는지를 앎.

4. 정의: 건강한 공동체 생활의 기초가 되는 시민으로서의 능력.

• 시티즌 십Citizenship/ 의무/ 충성심/ 팀워크: 집단이나 팀의 구성원으로서 일을 잘함.

: 집단에 충실함.

: 자신의 몫을 행함.

• 공정성/공평성: 공정하고 정의롭게 모든 사람들을 동등하게 대함.

: 사적인 감정이 다른 사람에 대한 판단에서 편견이 되지 않게 함.

: 모든 사람에게 공평한 기회를 부여함.

• 지도력: 일을 완수하도록 팀원들을 격려하고 동시에 팀 내에서 좋은 관계를 유지함.

: 집단 활동을 조직하고 그것이 성공하도록 기여함.

5. 절제: 과도함을 막는 능력.

• 용서/자비: 잘못을 행한 사람들을 용서함.

: 기회를 부여함.

: 원한을 갖지 않음.

• 소박/겸손: 자신이 이룬 업적을 자랑하지 않음.

: 주목 받으려고 하지 않음.

: 다른 사람보다 자신이 더 특별하다고 생각하지 않음.

• 신중/조심: 자신의 선택에 대해서 진솔함.

: 과도한 위험을 무릅쓰지 않음.

: 후회할 만한 일을 말하거나 행하지 않음.

• 자기규제/자기조절: 자신이 느끼고 행동하는 것을 컨트롤함.

: 훈련되어 있음.

: 식욕과 감정을 통제함.

6. 초월: 더 큰 우주와 관계를 맺고 의미를 부여하는 능력

• 아름다움과 탁월함/외경/경이에 대한 감상: 자연 및 삶의 모든 영역에서 아름다움, 탁월함, 솜씨 있는 수행을 알아보고 감상함.

• 감사: 일어나는 좋은 일들을 알아차리고 고마워 함.

: 감사를 표현하기 위해서 시간을 가짐.

• 희망/낙관성: 미래에 최상의 것을 기대하고 그것을 이루기 위해 노력함.

: 희망에 차고 또 밝은 미래는 창조될 수 있는 것이라고 믿음.

• 유희성/유머: 웃고 장난 걸기를 좋아함.

: 다른 사람들을 미소 짓게 만듦.

: 밝은 면을 보고 또 유머나 농담을 즐김.

• 영성/종교성/생의 의미: 우주의 더 높은 목적과 의미에 관해 시종일관 믿음을 가짐.

: 더 큰 틀 속에서 자신이 어디에 적합한지를 앎.

: 행동을 구체화하고 위안을 주는 삶의 의미에 대해 믿음을 가지고 있음.

포지티브 특질 Virtue 모델

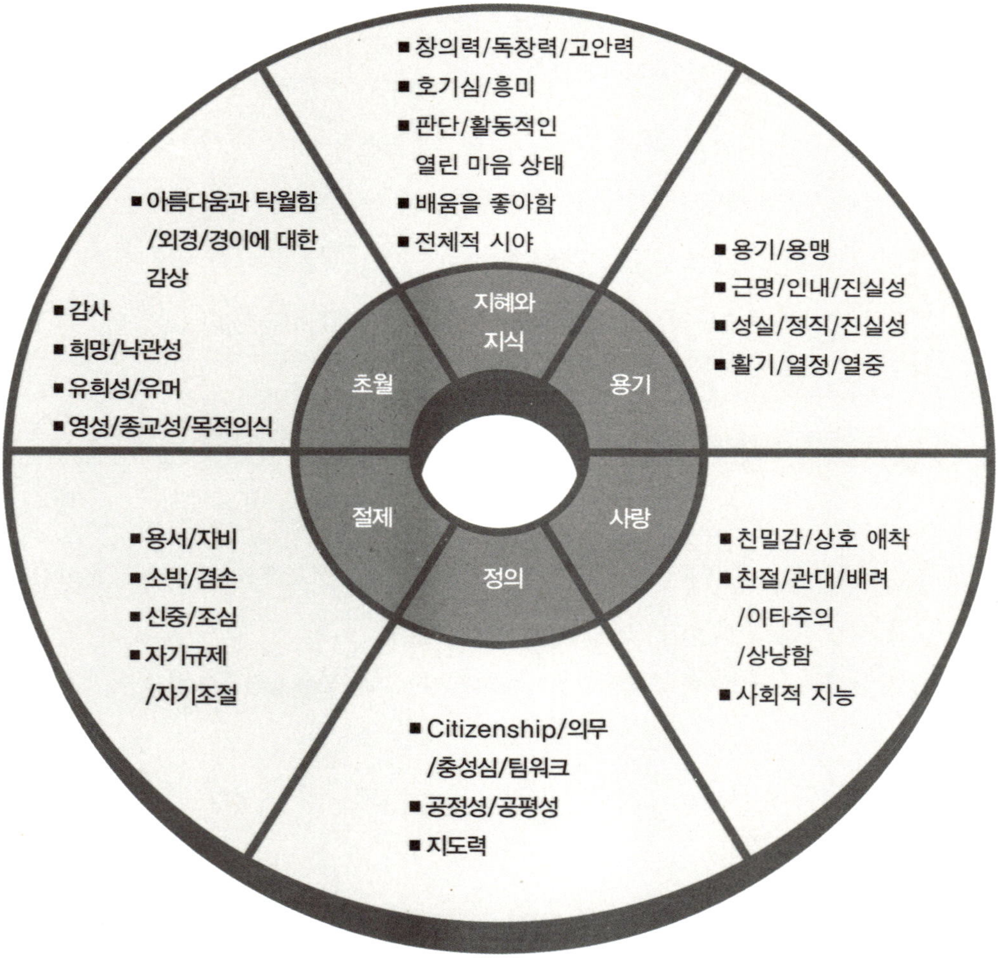

나는 건강하고 긍정적인 사람인가? :긍정성과 부정성의 비교

자기 자신의 낙관적이고 또 긍정적인 강점을 끌어내야 진정한 자기 리더십을 발휘할 수 있다. 우리가 '행복한 삶', '긍정적 감정', 그리고 '창조적인 삶'을 찾아내는 것이 자아실현의 근본이다. 자아실현은 긍정적 정서를 바탕으로 한 즐거움Pleasure, 긍정적 활동에 대한 몰입Commitment, 삶의 의미Meaning of Life등 3가지 요소가 갖추어질 때 이루어진다.

이제, 자신이 갖고 있는 강점을 찾아내고 이것으로 무엇을 할 수 있을지를 구체적인 목표로 설정하자. 그리고 상대방이 하는 말에 적극적으로 경청하고 또 건설적으로 피드백 해주는 방법도 익히자. 이것은 자기 변화를 증진하는 데 도움을 줄 것이다.

그러나 자기계발의 3가지 요소, 즉 '즐거움', '몰입', '삶의 의미' 등을 모두 발견하는 것은 쉬운 일이 아니다. 항상 긍정적 사고 방식을 가지고 자신이 좋아하는 일에 빠져들면서, 자기보다 남을 위해서 사는 삶이야 말로 진정한 리더십이다. 특히 긍정적 정서, 즉 긍정적 감정을 가지는 것은 대단히 중요하다. 왜냐하면 긍정적 정서가 형성되면 부정적 정서는 어느덧 사라지기 때문이다.

리더십을 통해 추구하는 행복한 삶에는 다음의 3가지 종류가 있다.

첫째, 행복한 감정, 생활의 기쁨에서 오는 웃음을 자아내는 즐거움,

둘째, 어떤 일에 자신이 몰입함으로써 오는 행복감,

셋째, 의미있는 일에 헌신함으로써 가지게 되는 생의 의미추구.

"웃으십시오. 좋은 일에 빠져드십시오. 의미 있는 삶을 사십시오. 그렇게 긍정적인 마음을 먹기 시작하면 행복의 길로 걸어갈 수 있습니다."라는 긍정심리학이 던지는 메시지는 많은 의미를 내포하고 있다.

긍정적 행동과 부정적 행동 리스트 비교

포지티브	네거티브
기쁘다	끔찍하다
즐겁다	지긋지긋하다
기운차다	두렵다
의욕이 솟구친다	늘 그렇다
희망차다	절대 안 된다
아이디어가 마구 떠오른다	희망이 없다
머리회전이 잘 된다	불가능하다
재미있다	우울하다
기발한 생각이 난다	절망적이다
푸근하다	포기한다
경이롭다	좌절한다
훌륭하다	용기가 나지 않는다
사려 깊다	실패가 두렵다
유쾌하다	지겹다
용기 있다	밉다
용감하다	
대담하다	
존경스럽다	

긍정적 에너지와 부정적 에너지의 비교

패러다임을 바꾸고, 생각을 바꾸는 자기계발 십계명

1) 자신이 가진 편견이 무엇인지 파악하라.

2) 모든 잘못을 '내 탓이오'라고 단정하지 말라.

3) 최악의 순간보다 최상의 순간을 상상하라.

4) 쉬운 해결책을 찾아라.

5) 성공했을 때의 모습을 상상하라.

6) 낙관주의자라면 어떻게 했을까를 생각하라.

7) 좋았던 일들의 목록을 만들어라.

8) 주위사람들과 기쁨을 나눠라.

9) 즐길 수 있는 일을 찾아라.

10) 자신이 할 수 있는 한계를 정하라.

"안락한 삶은 고급 승용차를 몰거나 값 비싼 와인과 맛있는 요리를 먹음으로써 누릴 수 있습니다. 그러나 행복한 삶이란 더욱 큰 만족을 얻기 위해서는 날마다 자신의 대표적인 강점을 활용하는 데서 시작합니다."

무인도에서의 생존 전략

	네거티브	포지티브
상황	물 반 병의 사막	물 반 병의 사막
사고	반 밖에 없다	반이나 있다
감정	걱정, 불안	여유, 편안
생리	목마르다	목마르지 않다.
행동	물을 더 마심	물을 마시지 않음
결과	물 소진, 사망	구조, 생존

정전으로 여러 명의 고객들이 엘리베이트 안에 갇혔다. 구조될 때까지 함께 탄 사람들과 같이 즐겁게 할 수 있는 10가지 일들을 다음에 기술해 보세요.

1.

2.

3.

4.

5.

6.

7.

8.

9.

10.

자기계발의 3가지 원

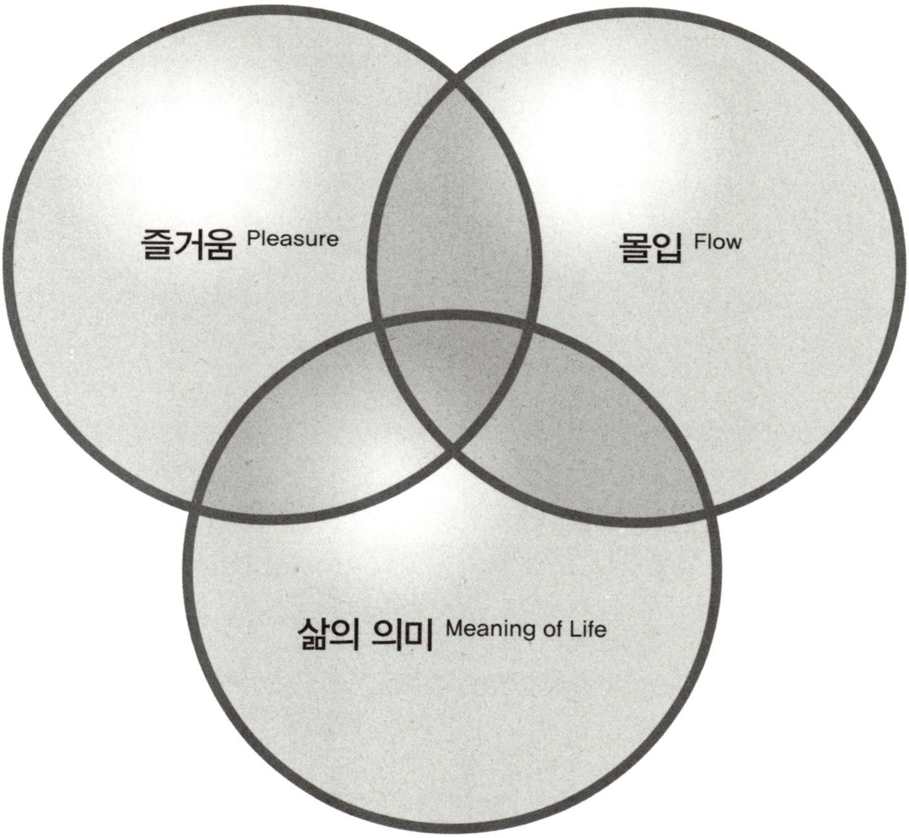

포지티브 이미지 증진 방법

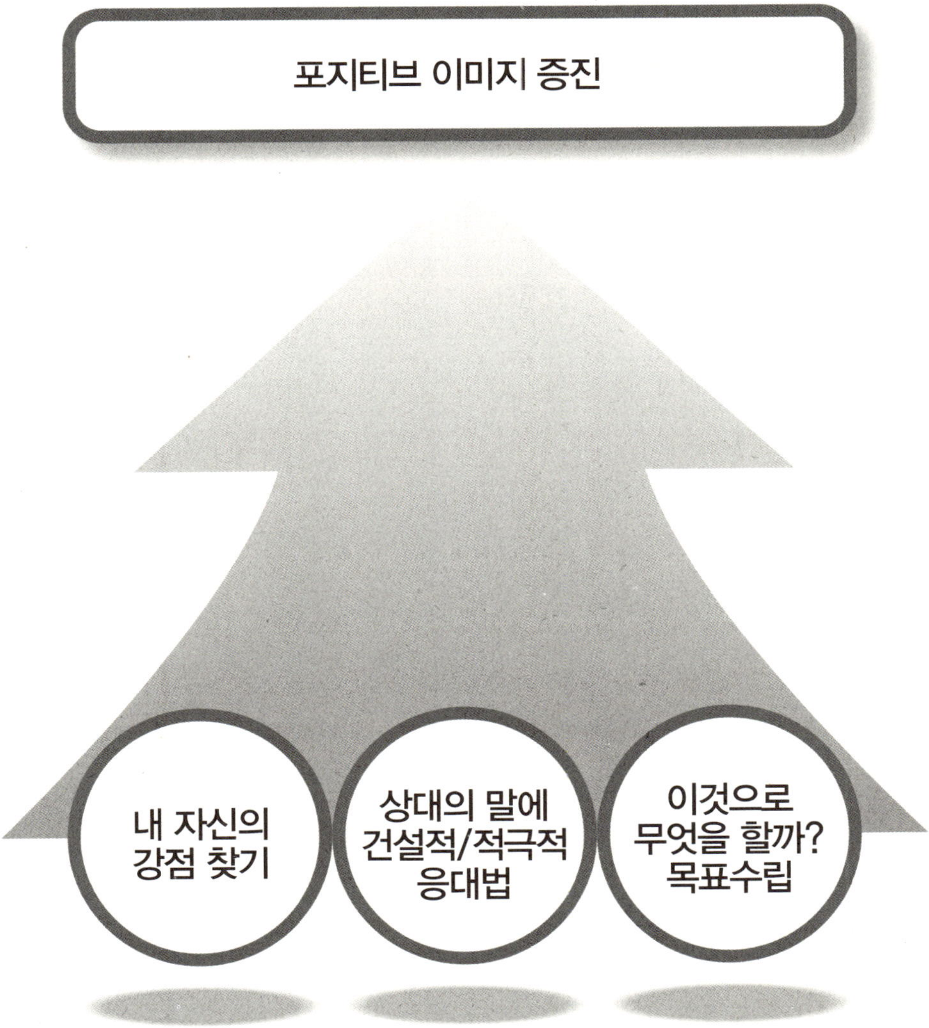

나의 긍정적 이미지 창조법

(1) 내가 스스로에게 긍정적 이미지를 가질 때는, 자신의 가치관에 의해 행동할 때이고 , 다른 사람들이 그 중요성을 이해해 줄 때이다.

(2) 나는 범하기 쉬운 잘못 보다는 행하기 어려운 올바른 것을 선택한다.

(3) 나는 늘 자신에게 모범이 되는 사례를 찾는다.

(4) 나는 새로운 것을 학습할 때는 호기심과 열정을 가진다.

(5) 학습할 대상이 있으면 집중적으로 그리고 지치지 않고 배운다.

(6) 나는 다른 사람들이 어려워 하고 두려워 하는 일에 도전하는 것을 좋아한다.

(7) 나는 마감시간을 정해서 일을 하고 지금 하는 접근법이 먹혀 들어가지 않을 때는 이를 대신할 수 있는 대안도 가지고 있다.

(8) 나는 내 스스로가 늘 옳고 또 가장 많이 안다고 생각하지 않는다. 이 같은 오해를 하면 타인들의 존경을 받지 못한다는 것을 안다.

(9) 나는 다른 사람이 일을 할 수 있도록 권한과 책임을 주는 임파워먼트Empowerment를 즐겨 한다.

(10) 나는 관용성을 가지고 있고 상호 차이에 대해서도 개방적으로 수용한다.

긍정적 이미지 증진 방법

1) 나는 어떤 긍정적 이미지를 가지고 있는가?	
2) 내가 가진 긍정적 이미지를 구성하는 요소에는 어떤 것이 있는가?	
3) 어떤 활동과 일을 하는 것이 내 자신에게 힘과 에너지를 주는가?	
4) 나는 언제 또 어떤 맥락에서 내가 가진 역량을 다하는가?(Do Your Best)	

Point

긍정적 사고의 힘

"항상 긍정적으로 생각하라. 왜냐하면 생각은 당신의 말이 되기 때문이다.
항상 긍정적으로 말하라. 왜냐하면 말은 행동이 되기 때문이다.
항상 긍정적으로 행동하라. 왜냐하면 행동은 습관이 되기 때문이다.
항상 긍정적 습관을 가지도록 하라. 왜냐하면 습관은 가치가 되기 때문이다.
당신의 가치가 긍정적이 되도록 하라. 왜냐하면 가치는 당신의 운명이 되기 때문이다."

–마하트마 간디Mahatma Ghandhi

Module 2

변화 포인트와 핵심역량

사회변천과 가치의 제 5파도

피터 드러커 Peter Drucker

현대 조직경영의 대가인 피터 드러커Peter Drucker는 문명 변천사를 5가지 단계로 구분하고 현재 우리가 살아가는 사회를 제 4단계, 즉 정보와 지식사회라고 분류하였다.

제 1단계 사냥 및 채집사회 Hunter and Gatherer Age

제 2단계 농경사회 Agricultural Age

제 3단계 산업사회 Industrial Age

제 4단계 정보/지식 사회 Information/Knowledge Age

제 5단계 지혜 및 창조 사회 Wisdom/Creativity Age

100만 년 이상 사냥이나 채집을 주로 해오던 인류가 정착하여 농사를 짓기 시작한 것은 엄청난 혁명이었다. 농업을 하기 이전에는 기껏해야 동굴에서 나와 목숨을 걸고 먹이사냥을 해오던 것에 비하면 농사야말로 1,000배 10,000배 이상의 생산성을 가져 왔다. 따라서 사냥이나 채집을 하던 인류가 농경사회로 진입한 것은 엄청난 기적이었다.

이처럼 제 1단계의 사냥 및 채집에서 새로운 도구를 만들고 이를 사용하는 방법을 학습한 인간들은 제 2단계인 농경사회에 정착하고 만족하였다. 농경사회에서 수천 년의 세월이 흘러 인류는 새로운 발명을 통하여 '산업사회'로 진입한다. 공장을 건설하고 원자재를 투입하여 어셈블리 라인에서 생산하는 공산품은 농업보다 엄청나게 높은 생산성을 가지고 왔다. 산업사회의 생산성은 농업사회에 비해 10,000배 100,000만배 이상이었다. 이처럼 농업에서 산업사회로의 이동은 완전히 다른 스킬, 도구Tool, 특히 새로운 '생각하는 방법을 개발하는 마인드Mindset'를 가지도록 강요하였다.

그런데 3단계에서 4단계 정보 및 지식사회로의 이동은 과거와는 전혀 다른 변화였다. 마이크로소프트Microsoft의 CTO인 나단 미르볼드Nathan Myhrvold는 "최고 수준인 소프트웨어 개발자를 보통수준의 개발자와 비교하면 그의 생산성은 10배 또는 100배가 아니라 1,000배 내지는 10,000배 이상입니다."라고 밝혔다. 이와 같이 지식사회의 지식 근로자는 엄청난 개인차가 있다. 지식근로자는 손과 발로 일하는 근로자와 생산성이 전혀 다르다.

제 5단계로 넘어 오면서 '지혜 및 창조사회'가 전개된다. 지식이 아무리 많아도 지혜가 없으면 유용하지 못한다. 지혜를 선도하는 것이 '창조력'이다. 따라서 지혜 및 창조사회에는 기계나 장비보다 '사람의 창조적 역량'이 무엇보다도 중요한 자산이다. 이는 한 사람의 S급 인재가 만 명 또는 십만 명을 먹여 살리는 시대가 도래했음을 의미한다. 지혜 및 창조의 시대는 ICT 시대 다음에 도래할 시대로 개인, 가정, 직장, 그리고 사회 전반에 걸쳐서 과거보다 훨씬 더 큰 새로운 변화를 불러일으키는 시대이다.

피터 드러커Peter Drucker의 사회변천 5단계를 그림으로 살펴보자.

- 1단계와 2단계인 '사냥 및 채집 사회와 농업사회'에서는 토지와 일을 할 수 있는 사람, 즉 노동력이 가장 중요하였다. 누가 얼마나 많은 토지를 소유하는가, 그리고 그 토지에 얼마나 많은 인력을 투입해서 농산물을 생산하느냐가 주요한 경쟁력의 잣대였다.
- 3단계에 접어들면서 토지보다 자본이 주요한 요소로 등장한다. 산업사회는 공장을 건설할 자본과 이와 동시에 생산을 담당할 노동력이 필요했다.
- 4단계 정보지식 사회에서는 지식과 정보를 따라 자본이 이동한다. 이제 토지가 갖는 중요성은 훨씬 줄어들었고, 그 대신 축적된 지식을 통해 아이디어가 있는 사람, 즉 인적자원이 가장 큰 경쟁력의 원천으로 대두된다.
- 5단계인 지혜 및 창조력 단계에 이르면 지금까지와 전혀 다른 패러다임이 통용된다. 이는 한 사람의 뛰어난 역량이 수종 사업을 개발하고 이를 통해 만명, 십만 명을 먹여 살리는 시대가 온 것을 말한다. 이 단계에서는 유니크unique한 사람, 즉 남 다른 생각을 할 수 있는 사람이 필요하다. 지금까지 아무도 생각하지 못한 것, 불가능하다고 굳게 믿어 왔던 것을 실현하는 사람, 즉 새로운 시대의 지평을 열어가는 인재가 필요한 것이다. 제 5단계는 가치 중심의 새로운 시대이다. 이때는 무엇인가 가치가 있는 일, 즉 가치창조Value Creation가 자본, 토지, 노동력보다 더 중요한 요소로 대두하고, 이를 위해서 개인 및 조직의 창조력과 이노베이션 역량이 그 주도권을 가지게 된다.

사회변천과 가치의 제 5파도

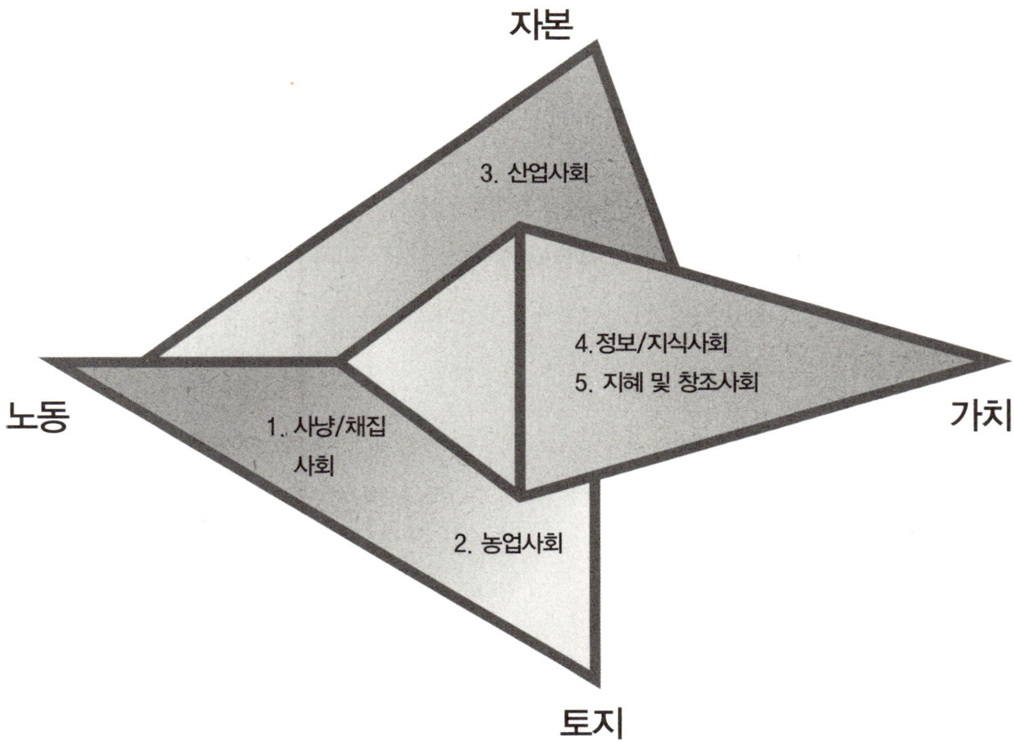

지혜 및 창조시대의 스마트Smart 특성

자, 그러면 제 5단계를 살펴보자.

사회변천의 5단계인 '지혜 및 창조사회'에서 특히 요구되는 역량을 대표하는 특성은 바로 '스마트Smart'이다.

지혜 및 창조사회가 요구하는 탈렌트talent, 즉 인재의 이미지는 우선 스마트한 지식 및 지혜를 가져야 하고 또한 행동 역시 스마트한 해당 분야의 스페셜리스트가 되어야 한다.

여기서 말하는 스마트는 실제 많은 의미를 가지고 있다. 즉, "일을 스마트하게 한다."라고 하면, 일을 마친 뒷모습이 정갈하고 깨끗해서 아름답기까지 한 상태를 말한다. 스마트한 조직이라고 하면, 함께 근무하는 멤버들이 멋지게 또 신바람나게 일을 하기 때문에 외부인이 보기만 해도 일하고 싶은 매력을 느끼게 하는 조직을 말한다.

지식은 '가치 중심의 지식'이 되지 않으면 안 된다. 무엇인가 유용할 뿐만 아니라 도움을 주고, 보탬을 주는 가치를 부가하는Value-adding 지식으로 지혜와 연결되는 지식이 되어야 한다. 이처럼 가치 중심의 전략을 통해 조직이 스마트해지고, 조직전략도 스마트할 뿐만 아니라, 구성원도 스마트해져야 제 5단계 사회에서 경쟁력을 가지고 지속적인 성장Sustainability이 가능하다.

미래의 지혜/ 창조 단계 이미지 '스마트'

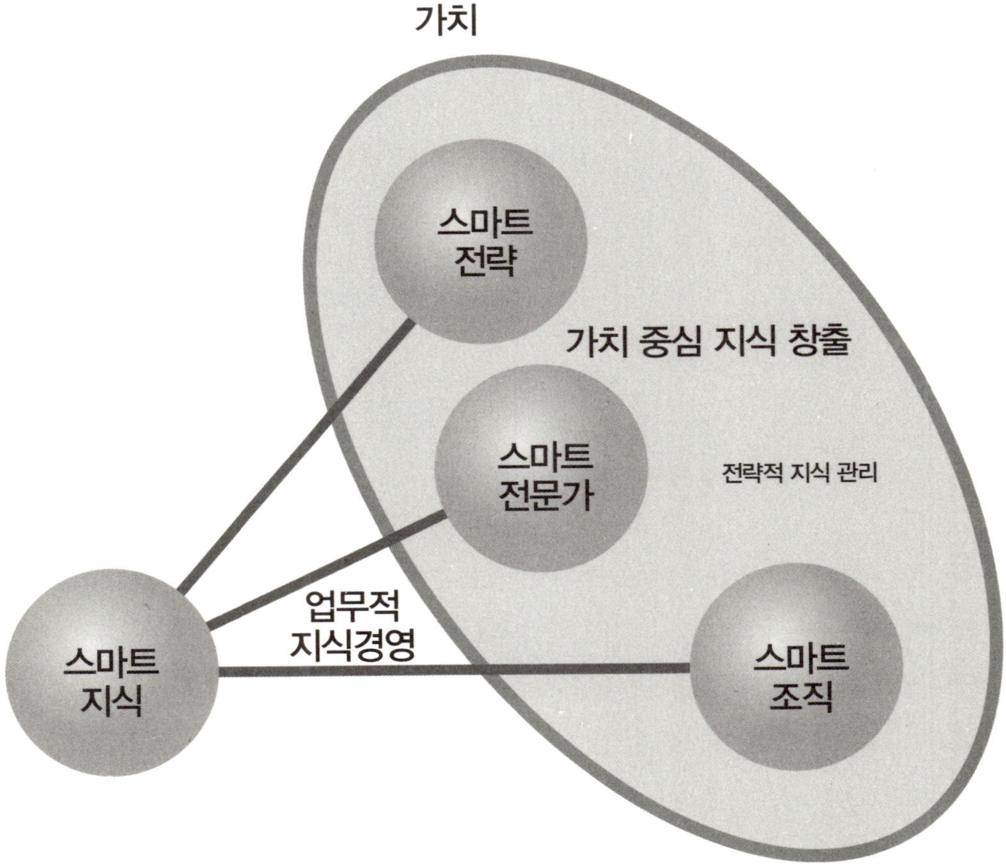

21세기 인재 전쟁 War for Talent

세계적 컨설팅 회사인 맥킨지Mckinsey & Co는 21세기는 인재전쟁, 즉 'War for Talent 시대'라고 선포하였다. 인재전쟁 시대의 지식 창조 프로세스를 살펴보자.

1) 지식창조의 기본은 사람이다. 특히 사람이 가지고 있는 눈에 보이지 않는 추진력인 내·외적 동기에서부터 지식 창조가 시작된다.
2) 지식 창조는 지식이 개인적 수준에 머물지 않고, 미국의 시스코Cisco라는 회사처럼 시스템으로 통합되면서 누구나, 언제, 어디에서나 지식을 창조, 저장, 그리고 도출하는 것이 가능하도록 만들어야 한다.
3) 지식 창조는 조직의 기본설계인 구조와 일하는 방법을 정의하는 절차가 정렬Alignment되어야 한다.
4) 이 프로세스는 시장과 전략 중심으로 구성되어야 하고 또한 지식경영시스템으로 구축되어야 한다.
5) 이렇게 하는 이유는 개인 및 조직은 '지속적 학습'을 하지 않으면 조만간 도태되고 경쟁에서 패배하기 때문이다. 결국 조직은 지속적 생존Sustainable survival을 통해 지식경영 시스템을 구축해야 한다.
6) 지식창조 프로세스를 중심으로 한 지식경영시스템은 단지 컴퓨터를 중심으로 인트라네트웍을 구축하는 것과는 다르다. 특히 지식창조 시스템에 생명력을 부여하는 것은 개인의 참여이다. 개인이 가진, 동기, 신념, 믿음 등이 바탕이 되고 긍정적 에너지가 태도를 형성케 하고, 나아가 이것이 열정적 행동으로 연결될 때 지식 창조가 이루어진다.

이상을 요약하면 지식경영은 개인에서부터 출발한다. 즉 개인이 가진 각자의 내면에서부터 시작하는 것이다.

War for Talent 시대의 지식 창조 프로세스

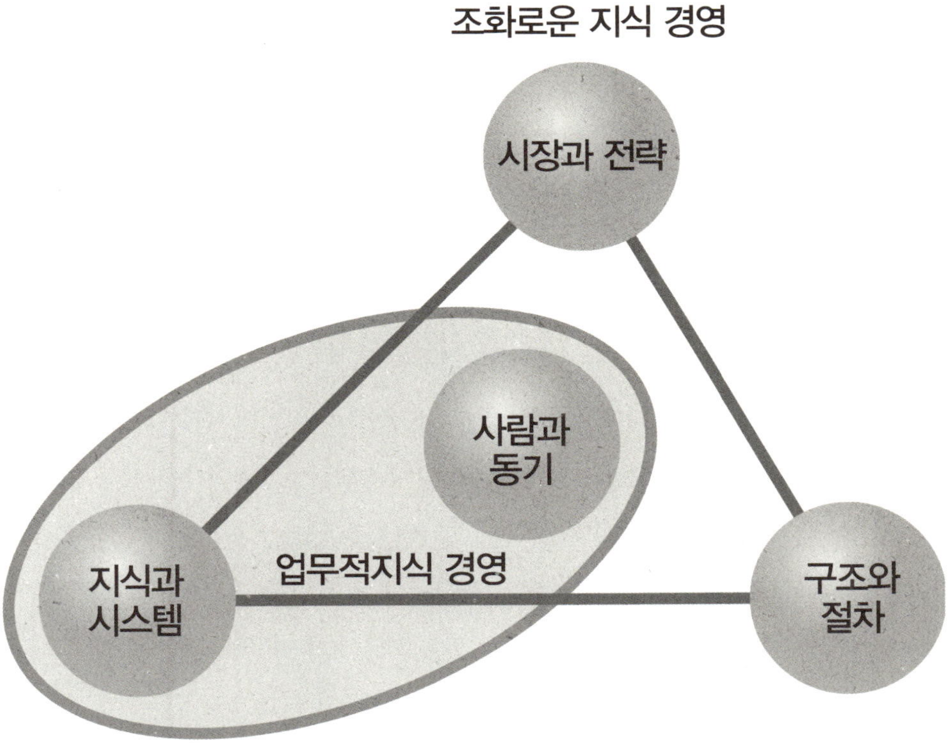

지식창조회사Knowledge Creating Company

하버드대학에서 발간하는 하버드 비지니스 리뷰Harvard Business Review에서는 '지식창조회사'라는 사례연구를 다루고 있다. 『지식창조회사Knowledge Creating Company』를 저술하여 지식사회의 도래를 앞당긴 노나카 교수는 지식을 다음과 같이 두 가지로 구분하였다.

첫째, 알고 있으면서 표현 및 기록이 가능한 지식(외현적 지식 Explicit knowledge, 형식지)

둘째, 알고는 있으나 말로 표현하지 못하고 나아가 기록도 할 수 없는 지식(암묵적 지식 Implicit knowledge, 암묵지)

'형식지'라고 하는 '외현적' 지식은 우리가 학습, 경험, 상호작용 등을 통해서 배웠기 때문에 언어화나 기록이 가능한 것이다. 따라서 대부분의 지식은 여기에 해당한다. '암묵지'의 경우는 알고는 있지만 말이나 글로 표현하기가 어려운 지식이다. 회사의 경우 조직차원에서 공유가 되지 않고 회사 직원들이 개인적으로 가지고 있는 지식을 말한다. 알고는 있지만 표현하기가 어려운 지식의 사례를 한 가지 들어보자. 새로 시집온 며느리에게 시어머니가 자신의 고추장 담그는 기술을 전수한다. 시어머니는 오랜 세월 이 기술을 발휘하여 고추장을 만들어 왔다. 그러나 시어머니는 고추장 만드는 프로세스를 말로 설명하는 '언어화 및 문서화'에 익숙지 않기 때문에, 며느리에게 "내가 담그는 것을 보고 배우라."고 말한다.

이 경우 시어머니는 고추장을 만드는 지식을 분명히 가지고 있지만, 이 지식의 전파, 전승, 확대, 그리고 재확장을 하는 것은 불가능한 셈이다.

이 같은 두 가지 종류의 지식을 중심으로 노나카 박사는 4가지 지식 확산 메트릭스를 제시하고 있다.

1) 외현화 Externalization: 개인 내면에 가지고 있는 지식이 외부로 표출됨
2) 사회화 Socialization: 암묵지와 형식지가 서로 교류함으로써 보완관계를 구축함
3) 내재화 Internalization: 암묵지와 형식지가 상호작용을 통해 개인 및 조직의 내면으로 수용됨
4) 결합화 Combination: 암묵지와 형식지가 서로 연결 및 보완함으로써 새로운 지식으로 업그레이드 되고 또 신지식을 창조하는 단계로 승화됨

지식창조 조직에서의 암묵지와 형식지 관계

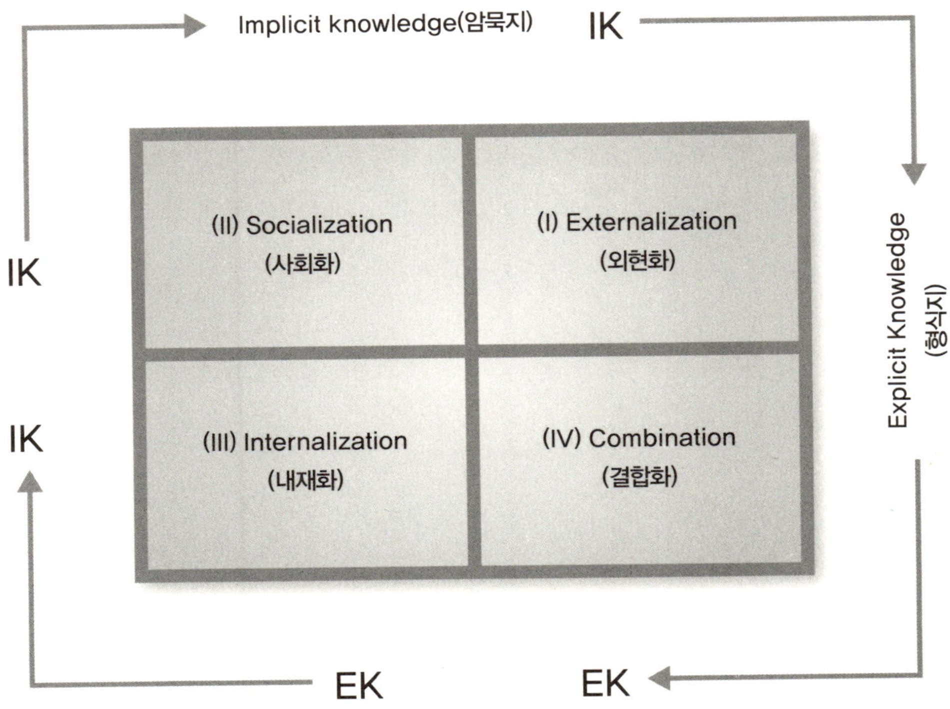

Knowledge Worker 지식 창조 사이클

정보/지식시대 Information/Knowledge Age에 사는 사람들은 '지식 근로자Knowledge Worker'이다. 지식근로자는 '산업근로자', '농업근로자' 및 '사냥이나 채집을 주로 하는 사람' 들과 비교하면, 요구되는 사고 방식Thinking Way, 스킬Skill, 툴Tool, 그리고 역량Competency 등이 다르다.

이제 지식근로자들이 지식을 창조하는 프로세스를 살펴보자.

제 1단계 Knowledge Creation: 기존의 지식을 변경시키거나, 가공, 변화, 나아가 전혀 새로운 것을 개발하고 만드는 프로세스가 여기에 해당한다.

제 2단계 Knowledge Reserve: 지식을 보관, 관리하는 단계로 컴퓨터나 핸드폰 등에 지식을 저장 및 보관하는 탁월한 방안을 개발한다.

제 3단계 Knowledge sharing: 지식을 다수의 사람들과 나누는 단계이다. 인터넷이야말로 시간과 공간, 그리고 거리 등에 관계 없이 이것을 가능하게 한다.

제 4단계 Knowledge Learning: 지식 나눔을 통해서 학습하는 것으로 전통적인 대면face-to face학습과 인터넷을 통한 온라인on-line 학습 등으로 다양해지고 있다.

제 5단계 Knowledge Utilization: 이는 지식을 활용하는 것으로 이를 통해 새로운 지식을 만들뿐만 아니라, 부가가치Value adding를 창출하며, 유용한 지식이 되도록 가공하는 것 등이 여기에 해당한다.

Knowledge Worker 지식창조 사이클

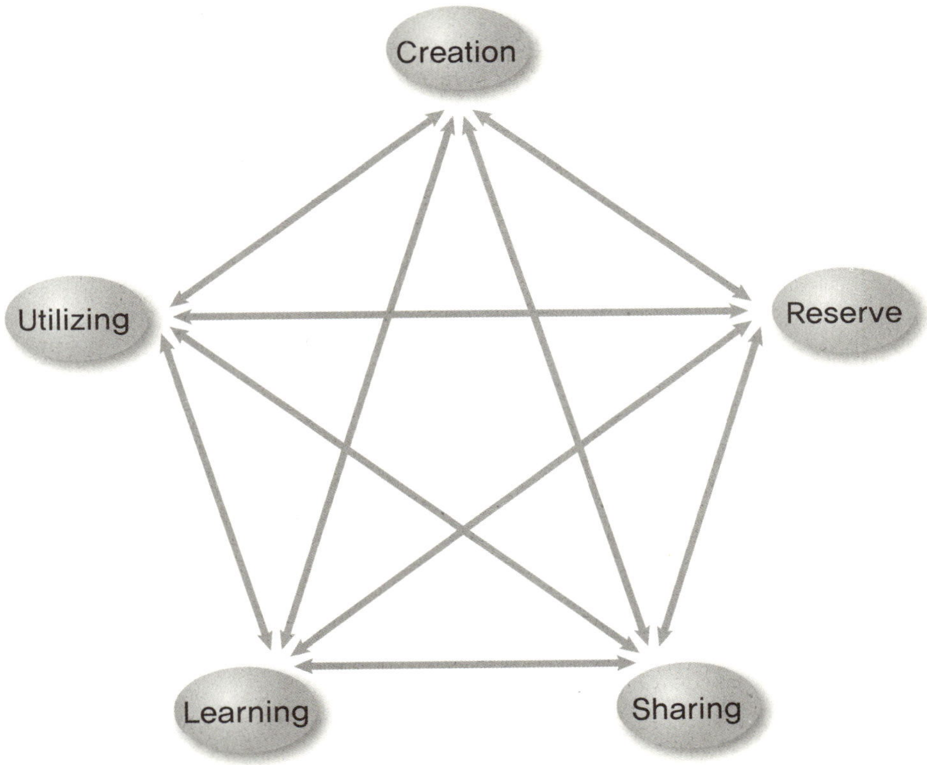

자기계발을 위한 역량 컴피턴시Competency모델

컴피턴시Competency란 무엇인가?

하버드 대학의 사회심리학자 데이비드 맥클랜드David McClelland 교수는 성취동기Achievement Motivation연구로 유명하다. 그는 인류 역사상 눈부신 문명을 남긴 그리스, 로마, 마야, 피렌체 등과 같은 나라와 도시국가들을 대상으로 연구하면서 도대체 어떤 사회심리적 요인이 이처럼 눈부신 문명을 업적으로 남겼는가를 연구하고 이를 『성취사회Achieving Society』라는 저서를 통해서 소개하였다. 미국 국무성의 외교관 선발 프로세스를 연구 개선하고, 해군 병사들의 선병 및 병과 분류를 기존의 모델과 달리 개선 및 개발하면서 그 핵심적 요소로 '컴피턴시Competency'라는 개념을 도입하였다.

그는 컴피턴시를 "어떤 일을 성공적으로 또 지속적으로 수행하는 데 반드시 필요한 개인의 성격, 태도, 지식, 능력, 그리고 행동"이라고 정의하였다.

컴피턴시 제1사례연구

1) 백화점 지하 식료품 매장에서 새로 시판하는 만두를 소개하고 판촉하는 여성 판매자 두 사람이 있다. 이들은 만두를 즉석에서 조리하여 고객들을 시식시킬 수 있도록 전기 후라이팬, 이를 담을 접시 등을 가지고 시식을 권유하고 있었다.

2) 40대 여성인 판촉사원 A는 즉석에서 만든 만두를 지나가는 고객들에게 시식시키는 능력이 20대 후반 판촉사원 B보다 뛰어났다. 손님들이 지나갈 때 미소와 설득, 그리고 호기심 및 자극 등으로 많은 수의 고객이 만두를 시식해 보도록 권유하였다. 시식한 고객이 만두를 구입할 확률은 그렇지 않은 고객 보다 3배 가량 높았다. 이에 비해 B는 수줍어 하고, 부끄러 워하는 성격과 행동 때문에 시식시키는 고객의 수가 훨씬 적었다.

3) 저녁 8시 백화점 마감시간이 다가오자 A 사원이 맡은 판촉용 만두 120개는 모두 팔린 반면에 B 사원의 몫은 아직 반 정도가 남았다.

4) 자, 그러면 이 두 사람이 가진 어떤 성향, 능력, 태도, 자세, 신념 등이 이 같은 판매성과를 좌우했겠는가? 무엇이 다르기에 두 사람 사이에 성과의 차이가 나타나는가?

판매사원 A가 성공적으로 직무를 수행하게 하는 종합적 요소를 우리는 바로 '컴피턴시'라고 설명할 수 있다.

컴피턴시 제2사례연구

단말기 개발 연구소의 연구개발팀에 C와 D가 함께 근무하고 있다. C 연구원은 지시받은 업무는 어떻게 해서든지 마무리 해낸다. 이와 비교하면 연구원 D는 대부분의 경우 받은 지시를 끝까지 완수하지 못하고 중도에 포기하거나 다음날로 미루곤 한다.

이 경우 C와 D가 똑같은 대졸 사원이고 공과대학 출신이라면 도대체 컴피턴시상의 어떤 차이가 이들의 성과와 연결되어 있을까?

아마도 연구원 C는 연구원 D보다 문제 분석적, 우선순위 결정력, 그리고 끝까지 해내고자 하는 프로의식 및 책임감 등에 해당되는 컴피턴시가 더 크다고 판단할 수 있을 것이다.

자기계발을 위한 컴피턴시 모델

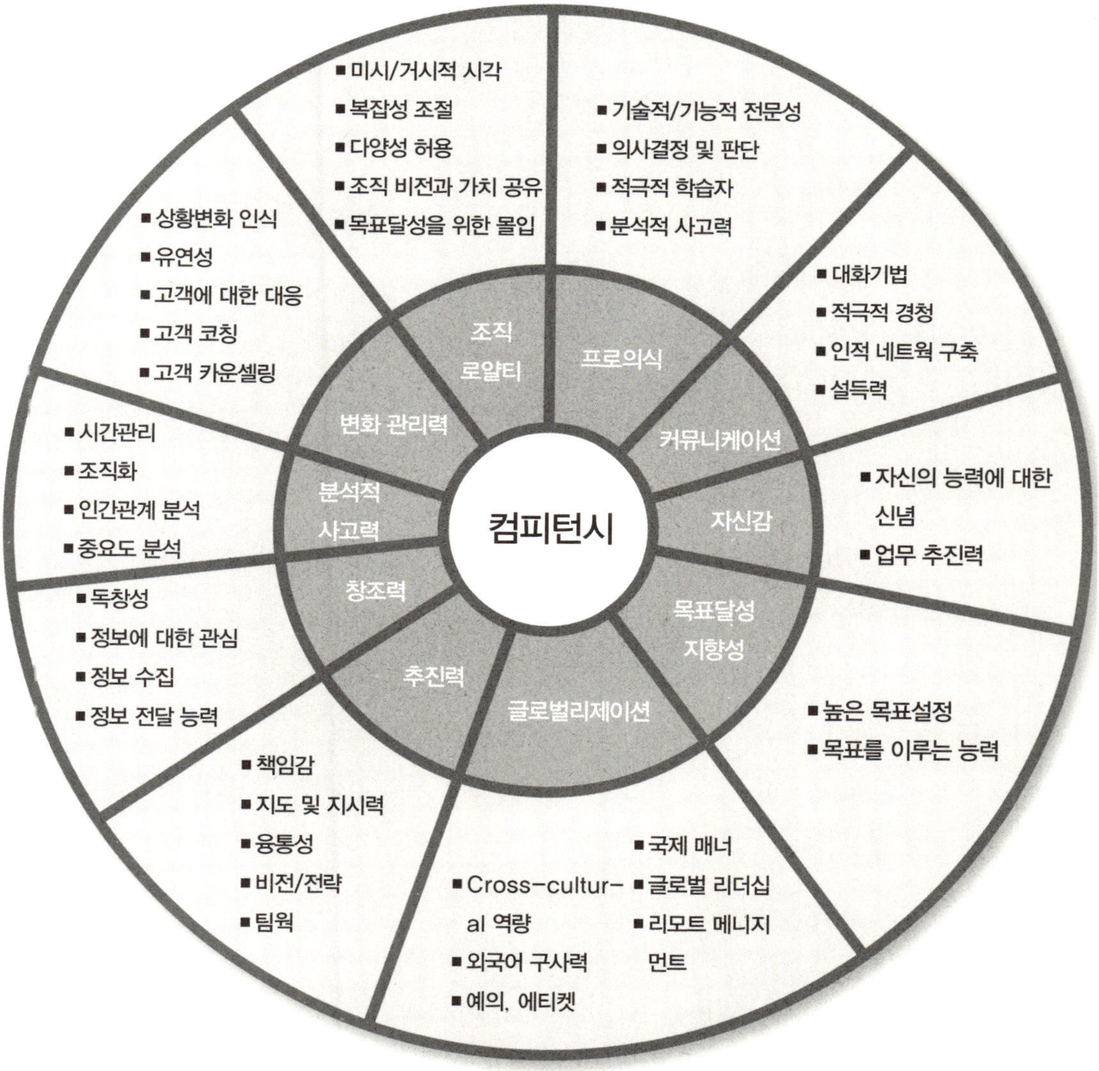

핵심 컴피턴시Core Competency

컴피턴시 중에서 좀 더 중심부에 있는 핵심 컴피턴시에 대해서 살펴보자.

우선 개인의 성과와 과업수행을 예측하는데 결정적으로 작용하는 핵심역량을 구성하는 요소들은 무엇이 있을까.

1) 커뮤니케이션: 앞에서 언급한 것처럼 모든 나라 모든 문화에서 두루 통용되는 가장 중요한 컴피턴시이다.
2) 정보 지향성: 항상 호기심과 새로운 것을 추구하는 자세 및 마음가짐으로 정보에 대한 관심과 이를 수집하는 방법 및 채널을 다양하게 구축하는 역량을 말한다.
3) 분석적 사고력: 수집된 정보의 원인과 결과, 즉 인과 관계를 찾아내고 우선순위 설정을 통해서 중요도를 분석해내는 역량을 말한다.
4) 개념적 사고력: 어떤 대상이나 유형을 보면 이것을 단편적으로 동떨어진 내용으로 이해하는 것이 아니라, 하나의 전체적인 개념으로 파악하는 역량을 말한다.
5) 프로의식: 어떤 일을 하든지 완벽을 기하는 자세와 자기 전문 분야에 대해서 어떤 질문이 들어와도 대답할 수 있는 역량이 여기에 해당된다.
6) 달성 지향성: 성과 중심으로 생각하는 능력으로서 어렵고 난해한 과제를 맡아도 중도에 포기하지 않고 끝까지 해서 마침내 최초에 설정한 목표를 달성하는 역량을 말한다.
7) 변화 관리력: 세상에 변하지 않는 것은 없다. 만일 유일하게 변하지 않는 것이 있다면, "세상이 끝없이 변화한다는 것"이다. 이 같은 생각을 바탕으로 개인생활, 대학생활, 직장생활 그리고 대인관계 등에 있어서의 긍정적 변화를 환영하고, 추구하고 이를 받아들이면서 즐기는 역량을 말한다.

8) 조직 감각력: 개인들로 구성된 팀이나 그룹에서 팀원 간에 일어나는 역동과 대인관계, 그리고 조직역동을 파악하고 대처할 수 있는 역량 등을 지칭한다.

9) 자신감: 용기, 신념 및 믿음이 여기에 해당된다. 자신이 하는 일을 의심하지 않고 자신감을 가지고 추진하는 역량이다.

10) 자주적 행동력: 자기가 해야 할 일은 스스로 알아서 하는 것을 말한다. 누군가가 시켜서 움직이는 것이 아니라 자신이 보고 판단해서 남들보다 앞서 행동하는 역량을 말한다.

11) 대인 영향력: 자신이 가진 생각이나 계획을 상대방에게 충분히 알아듣도록 설명할 수 있고, 또 설득하여 한 방향으로 같이 가도록 영향력을 행사하는 역량을 말한다.

12) 파트너십 구축력: 팀을 구성하는 멤버들과 목표를 공유하고, 한 방향으로 나아가는 진정한 의미의 팀을 만들 수 있는 능력, 멤버들과 상하관계가 아니라 동료 및 동반자 관계를 구축할 수 있는 역량을 말한다.

13) 대인관계 구축력: 팀을 구성하는 사람들과 서로 신뢰하는 우호적 관계를 만들 수 있을 뿐만 아니라 개인적인 인간관계도 만들 수 있는 역량을 말한다.

글로벌 경영컨설팅 그룹 Hay컨설팅에서 정리한 핵심역량을 역량사전[Competency dictionary]이라고 하는데, 약 50개 정도의 조직 행동을 중심으로 개발하였다. 그 중 대표적 핵심역량은 다음과 같다. 괄호 안에 제시된 내용은 조직 컨설팅 분야에서 통용되는 영문 이니셜 및 명칭이다.

핵심역량Core Competency

1) 커뮤니케이션 역량(COMM: Communication)

상대방과 효과적으로 대화하고 경청하는 역량

2) 정보 지향성(INF: Information Seeking)

정보에 대해 깊은 관심을 가지며 이를 수집하는 역량

3) 분석적 사고력(AT: Analytical Thinking)

대상을 세분화하며 인과관계와 중요도를 분석하는 역량

4) 개념적 사고력(CT: Conceptual Thinking)

대상을 패턴이나 모델을 통하여 이해하는 역량

5) 프로의식(PRO: Professionalism)

자신의 전문지식과 전문성을 확대하는 역량

6) 달성 지향성(ACH: Achievement Orientation)

높은 목표나 어려운 과제에 도전하고, 이를 달성하는 역량

7) 변화 관리력(FLX: Flexibility)

상황변화를 인식하고, 유연하게 대처하는 역량

8) 조직 감각력(OA: Organizational Awareness)

팀의 조직문화나 정치역학을 파악하고 활용하는 역량

9) 자신감(CR: Courage)

자신의 능력을 믿고 신념을 가지고 업무를 추진하는 역량

10) 자주적 행동력(INT: Initiating Action)

과업수행을 위해 팀 멤버들을 이끌어가는 역량

11) 대인 영향력(IMP: Impact & Influence)

상대방을 설득하기 위해 효과적으로 행동하는 역량

12) 파트너십 구축력(PB: Partnership Building) 팀원들과 인간적이고 우호적인 관계를 구축하는 역량

Module 3

인간미와 예의범절

인간미와 예의범절

학교를 졸업하고 기업이나 다른 직장에 정식사원으로 완전 채용이 되지 못한 사람을 일본에서는 '프리타FREETA'라고 말한다. 이 말은 일본 리쿠르트사에 근무하던 직원이 만들어낸 신조어이다. 젊은 세대에서는 프리타가 "자유롭게 일하고 또 자유롭게 논다."는 의미를 갖지만, 이들이 점차 나이가 들면 정해진 직장이 없기 때문에 일정한 수입이 보장되지 않는다.

현재 일본에는 420만 명의 프리타가 대도시 주변에 있다. 이들은 국민총생산을 떨어뜨리고 사회불안을 증가시키는 요인으로 작용하고 있다. 회사의 입장에서는 이 같은 비정규직인 프리타가 경영상 유리한 존재일지 모르지만, 당사자에게는 대단히 곤란한 일이 아닐 수 없다. 정규사원의 연 평균수입이 387만 엔인데 비해서 프리타는 106만 엔밖에 되지 않는다. 연간 수입 및 생애자금이 정식으로 취업된 경우와 비교하면 약 1/4수준에 머문다.

한국의 사정은 어떤가? 국내에서도 아웃소싱, 임시직, 계약직 등의 명칭은 다르지만 프리타의 숫자가 IMF 구제 금융 이후 엄청나게 늘어났다. 그러면 나는 어떻게 해야 프리타가 아닌 정사원이 될 수 있을까? 이 길로 가는 방안이야말로 내가 내 자신에게 리더십을 발휘해야 하는 가장 중요한 이유가 아닐 수 없다.

이번 모듈 3에서는 내면에서 잠자고 있는 거인에 비유되는 잠재능력인 열정Passion, 재능Talent, 그리고 성취력Achievement을 일깨우고 발휘하는 방법을 다룸에 앞서 기본이 되는 '인간으로서 가져야 하는 원칙'부터 다룬다. 이것을 잘 갖추지 않으면 다른 컴피턴시는 아무런 소용이 없기 때문이다. 인간으로서 자기성장 및 자기계발을 시작하자. 이것이 바로 성공적인 삶을 사는 길이고 자기 리더십이다.

인간미

사람이 갖추어야 하는 기본은 인간미를 가지고 있느냐 여부로 결정된다. 그런데 인간미란 도대체 무엇일까? 어떤 사람은 인간미가 있는 반면에 어떤 이는 인간미가 없다. 이것은 같은 문화권의 사람들에게만 해당되는 것이 아니라 다른 문화권에서 온 외국인에게도 그대로 해당된다.

인간미가 가진 몇 가지 면을 살펴보자.

첫째, 인간미가 있는 사람은 한 번 만나면 또 만나고 싶고 또 보고 싶다. 만남이 즐겁고 기쁘고 재미있다. 우리는 이 같은 사람을 '정나미'가 있는 사람이라고 말한다. 정나미야말로 인간적 매력을 가장 잘 표현한 것이라 할 수 있다.

둘째, 인간미를 가진 사람 간의 만남은 그저 막연하게 즐기고 헤어지는 것이 아니라, 상대방과 진정한 피드백을 주고받음으로써 상호 장점을 강화시켜주고 개선점을 보완하도록 도와주는 것이다.

여기서 말하는 피드백이란 "서로 간에 대화하고, 관찰하면서 느낀 것, 그리고 파악한 것 중에서 상대방이 개선과 수정이 필요한 것, 상대가 성장하도록 긍정적 의미에서 지적하고 조언해주는 행동"을 말한다.

예컨대 백화점에 근무하는 직원에게 상사인 관리자가 다음과 같은 피드백을 줄 수 있다. "오늘 미스 김이 찾아오신 고객에게 날씨에 관해서 묻고, 직위와 함께 이름을 부르면서 인사한 행동은 고객에게 진정한 관심을 보여주었기 때문에 대단히 좋았습니다."

이 같은 긍정적이고 또 구체적인 피드백을 받은 사람은 동일한 행동을 반복하게 된다. 칭찬이 구체적이고 또 행동지향적이기 때문이다. 이처럼 피드백은 구체적이어야 하고, 사실에 근거를 두어야 한다. 그래야만 설득력이 있다. 인간미는 막연한 것이 아니라 이같이 구체적으로 피드백을 줄 수 있는 역량을 그 바탕으로 해야 한다.

셋째, 남의 권리를 존중해 준다. 한국사회에서는 언제부터인가 자기 자신의 몫은 열심히 챙기지만 상대방의 권리나 이익은 묵살하고 무시하는 비정상적 행동을 하는 사람이 많아졌다. 특히 상대방이 나이가 어리고, 학력이 떨어지고, 성별이 다르고 자기와 차이가 나는 경우에는 더욱 두드러지게 무시하는 행동을 보인다. 그러나 상대를 어디까지나 한 사람의 인격체로 존중하는 것은 인간미의 바탕이다. 이처럼 내가 상대를 존중해 주어야만 상대도 나를 존중해 준다.

넷째, 한번 만나면 또 만나고 싶어진다. 여러분은 한번 만나면 그것으로 '두 번 다시 보고 싶지 않은 사람'을 만난 적은 없는가? 인간미가 있는 사람은 무엇인가 끄는 매력을 가지고 있기 때문에 한번 만나면 또 보고 싶고, 언제 다시 만날 수 있을지 기다려지는 사람이다.

이처럼 인간미를 구성하는 많은 요소 중에는 인간으로서의 됨됨이, 성격, 그리고 인격 등이 어울어지기 때문에 '인간력'이라고 표현하기도 한다.

인간미는 상대와 대화하는 방법이나 대화기술과도 깊은 관련이 있다. 본심은 그렇지 않은데 인간미가 떨어지게 대화하는 사람은 말하는 방법을 학습한 적이 없기 때문이다.

필자가 아는 사람 중에 직업이 의사인 이가 있다. 이 사람은 국내에서 의대를 졸업하여 미국 대학병원에서 근무했고, 나이가 들어 다시 귀국하여 한국의 대형 병원에 근무하고 있다. 그런데 이 사람이 고객인 환자들과 하는 대화 방법은 대단히 특이하여 한번 만나면 두 번 다시 만나고 싶은 마음이 생기지 않는다. 뚱딴지 같이 엉뚱하게 말을 하기도 하고, 거의 반말 비슷하게 사용하기 때문에 본심과는 다르게 상대방에게 '인간미가 부족한 사람'이라는 인상을 심어준다. 바로 그 이유 때문에 환자들은 그를 가능하면 두 번 다시 보고 싶어 하지 않는다.

Point

인간미

1. 만나면 다시 보고 싶고 정나미가 나는 것
2. 무관심이 아니라 서로의 잘못을 피드백하고 고쳐주는 것
3. 남의 권리를 존중해 주는 것
4. 한 번 만나면 또 만나고 싶어지는 것

예의범절이란 무엇인가?

문화에 따라서 예의범절은 다르다. 특히 동양과 서양은 큰 차이가 있다. 동양문화에서 예의범절은 수천 년 이상 뿌리 깊이 박혀 내려오는 전통이다. 예의범절은 동양적 개념으로 같은 문화권인 동양인 사이의 대화와 인간관계에 있어서 적용되어온 관습이다. 특히 동양 3국의 한국, 중국, 일본 문화에서는 예의범절이 더욱 중시된다.

그런데 언제부터인가 우리는 예의범절을 단지 상대방에게 인사를 하거나 허리 숙여 절하는 정도로 생각하는 경향이 생겨났다.

예의범절과 관련되는 구체적인 사례들을 살펴보자.

첫째, 예의범절을 갖춘 사람은 '상대방이 싫어하는 말'을 하지 않는다.

상대가 듣고 싶어 하지 않는 것, 듣기 싫어하는 화제를 대화에 올리지 않는 것은 대단히 중요한 예의범절이다. 상대에게 비난이나 지적 그리고 평가나 꾸중을 하는 것이 이런 경우에 해당된다. 이와 반대로 상대를 칭찬하고 고무하고 또 격려하는 것은 그 반대에 해당된다. 이처럼 잘 한다고 칭찬하고 고무시키는 행동은 상대에게 긍정적 강화 Positive Reinforcement를 준다. 잘하는 것을 더 잘하도록 고무시키는 것이다. 반대로 상대가 싫어하는 것을 말하는 것은 부정적 강화Negative Reinforcement로 작용한다.

예컨대 꾸짖고, 고함치고, 잔소리하고 나아가 윽박지르는 것은 대부분의 경우 부정적 결과를 가져온다. 예의범절이 있는 사람은 상대의 긍정적인 면과 장점에 주목하여 이를 중심으로 소통을 이끌어간다.

둘째, 남이 귀찮아 하는 행동을 하지 않는다.

상대가 싫어하는 것, 원하지 않는 것을 하지 않는 것도 예의범절에 해당된다. 남에게 불편을 끼치지 않는 것은 대단히 중요한 예의범절이다. 이는 모든 문화에서 공통적으로 적용된다. 일본 여성들은 자녀 양육 시 상대방이 싫어하는 것이나 불편을 주는 행동을 하지 않도록 어릴 때부터 반복해서 교육한다. 일본 여성은 자녀 교육에 있어서 수만 번 또는 수십 만 번 반복해서 몸에 익혀야 한다는 원칙을 지키고 있다. 영국 여성들도 "감사합니다.Thank you", "미안합니다I am sorry"를 수도 없이 반복하게 해서 자녀의 입에 배도록 교육시킨다.

셋째, 상대에게 폐를 안 끼친다.

한국 문화에서는 서로 친할 수록 무례를 범하는 경우가 많다. 친하다고 해서 사전에 연락도 않고 충동적으로 방문하는 경우가 대표적이다. 대부분의 나라에서는 상대방의 집을 방문하는 경우 엄격한 예의범절이 적용된다. 일본의 경우 사전에 상대의 동의를 얻고 방문할 것, 약속시간보다 일찍 가지 말 것, 너무 오래 머무르지 말아야 할 것을 가르친다. 미국사람들도 자기 집 방문에 대해서는 엄격한 편에 속한다. 레스토랑에서 함께 식사하고 나서 각자 먹을 것을 계산하는 '더치페이Dutch pay'는 상대에게 폐를 끼치지 않으려는 좋은 사례이다. 원래 더치페이란 '네덜란드식 지불'이라고 할 수 있다. 네덜란드 사람들이 자기가 먹은 것은 자기가 지불하는 방식을 그렇게 명명한데서 출발한 것이다. 일본에서는 '와리깡'이라고 하여 더치페이와 비슷하게 각자 먹은 것은 각자 내는 문화가 있다. 우리 사회에서도 상대가 "오늘은 초대한다."라고 말하기 전에는 더치페이를 해야 폐를 끼치지 않는 행동이라는 사실을 유념할 필요가 있다.

넷째, 상대의 입장에서 이해한다.

자기 자신의 입장만 주장하는 것은 예의를 가진 사람이 하는 행동이 아니다. 즉 상대가 원하는 것이 무엇인지, 내가 상대의 입장에 처하면 어떻게 할 것인지 등을 두루 생각해 보면 이해의 도를 깊게 할 수 있을 것이다. 자기 자신의 이익이나 목표에만 집중하여 밀어붙이기 식으로 대화를 하는 것은 인간관계에서 예의범절이 없는 사람이다.

Point

예의범절이란 무엇인가?

- 예의범절은 동양적 개념으로 다른 사람과의 대화나 인간관계에서 나타남
- **예의범절의 사례:** 남이 싫어하는 말 안하기, 남이 귀찮아하는 행동 안하기, 폐 안 끼치기, 상대방의 입장에서 이해하기

에티켓이란 무엇인가?

예의범절이 동양적 개념인데 비해서 에티켓은 서양식 개념이라고 할 수 있다.

다른 문화에서 온 외국인을 대하는 방법과 내국인, 즉 같은 문화의 사람을 대하는 방법은 다르다. 서로 문화가 다르면 통용되는 관행, 습관, 관습 등이 다르기 때문이다. 우리가 다른 문화에 가게 되면, 그 문화에 부합하는 에티켓을 갖추지 않으면 안 된다. "로마에 가면, 로마 사람들이 하는 대로 하라. When you are in Rome do as the Romans do."라는 말도 있지 않은가?

에티켓에는 다음과 같은 특징이 있다.

첫째, 문화에 따라 인사 방법이 다르다. 어떤 문화에서는 만나면 서로 머리 숙여 절만 하고 악수는 잘 하지 않는다(일본의 경우). 중국 사람들은 양손으로 합장하듯이 인사하는 사람들이 많다. 불교가 국교인 타일랜드 사람들도 불교식으로 인사를 한다. 이러한 동양적 특성에 비해 유럽이나 미국 사람들은 처음 만날 때 서로 악수를 하는 것이 보편적이다.

둘째, 문화에 따라 신체를 접촉하는 방법이 다르다. 미국 사람들은 친한 사람끼리 오랜만에 만나면 '허깅 Hugging'을 하는 경우가 많다. 허깅은 남자들 사이에서건 여자들 사이에서건 나아가 남녀 간에도 한다. 특히 남녀가 서로 잘 아는 사이이고 오랜만에 만났다면 허깅 후에 볼에 키스하는 경우도 흔하다. 특이한 에티켓으로 구 소련을 비롯한 동유럽 문화에서는 남자끼리도 입술에 키스하는 관행이 있다.

이처럼 에티켓은 문화마다 다르기 때문에 국제화 및 글로벌리제이션이 절실히 요구되는 국제 비즈니스맨들에게는 실수를 하지 않기 위해서라도 에티켓을 학습하는 것이 중요하다.

다른 문화의 습관, 사고방식, 가치관 그리고 행동 유형 등에 대해서 배우고 익숙해지는 것이 바로 '이문화 학습Cross-cultural Learning'이다. 오늘날 글로벌 기업으로 성장한 많은 수의 한국 기업의 임직원들은 다양한 나라와 비즈니스 교류를 하거나 해외 근무를 한다. 마찬가지 이유로 다양한 나라의 많은 기업들이 국내에 들어와서 비즈니스를 한다. 따라서 기업 비즈니스를 위해서는 '이문화 에티켓 및 커뮤니케이션'이 필수적인 핵심 역량이 되었다.

예컨대 A회사에서 근무하고 있는 당신에게 회사에서 "아프리카에 있는 '모리시우스Mauricius'라는 나라에 가서 새로 지점을 개설하라."라고 인사발령을 내렸다. 그런데 거의 들어 본 적 없는 이 나라에 대해서 어떻게 대처해야 할 것인가? '모리시우스'란 나라는 어디에 있는지, 그곳 사람들과 만나면 어떻게 인사를 해야 할 것인지 등에 대해서 기초부터 학습하지 않으면 안 된다. 이들과 어떻게 인간관계를 구축해야 할 것인가? 이 나라에서 사람들과 만날 때 서로 선물을 주고받는 것이 에티켓인가, 아니면 주지 않는 것이 에티켓인가? 만일에 선물을 준다면 어느 정도로 주는 것이 에티켓인가 등등. 이문화와 관련된 지식과 정보를 광범위하게 수집하고 학습해야 성공적인 비즈니스를 할 수 있다.

독일인들은 선물을 주고받을 때 너무 과도한 것은 피한다. 예를 들어 남의 집에 방문할 때 장미 한 송이만 가지고 가는 경우도 있다. 아주 작은 초콜릿 한 개도 관심의 표현으로 간주한다. 일본인들은 빈번하게 선물을 주고받지만 대개 금액 자체가 과도하지 않아 우리 돈으로 일,이만 원 범위를 넘지 않는 것이 관행이다. 너무 과분한 선물을 주는 것은 상대방에 대한 실례라고 생각하기 때문이다. 일본인들은 선물을 받으면 반드시 답례를 하는 것이 에티켓인데, 이때도 역시 너무 과한 것은 피한다. 손 크게 선물하는 것은 한국 사람들만 가진 특이한 에티켓인지도 모른다.

Point

에티켓이란 무엇인가?

- 에티켓은 이문화에서 온 사람과 만남 및 교류를 할 때 필요한 예절.
- 문화에 따라 에티켓은 상당히 다름.
  (예: 우리는 머리 숙여 인사하지만, 서구 사람은 악수를 함)
- 에티켓은 반드시 학습해야 함. 문화에 따라 서로 다르기 때문임.

Module 4

커뮤니케이션

모듈 4. 커뮤니케이션

소통과 커뮤니케이션

대학 졸업 후 회사에 입사한 지 1년 된 신입사원들을 대상으로 실시한 서베이 보고서를 보면 대단히 재미있다. 이 서베이가 조사한 설문 중 하나는 "대학을 마치고 회사에 입사하니 어떤 능력이 가장 필요합니까?"였다. 그런데 놀랍게도 80% 이상의 사람들이 바로 '소통 능력'인 커뮤니케이션을 잘 하는 것이 가장 필요하다고 답하였다. 동일한 질문을 독일, 미국 그리고 일본에서도 실시하였다. 마찬가지로 70~90% 이상이 커뮤니케이션이야말로 가장 중요하다고 답하였다.

그러면 왜 커뮤니케이션이 이처럼 중요한가? 모두가 입이 있고 귀가 있는데 왜 커뮤니케이션이 잘 되지 않는 것일까?

기회를 보아 부모님이 서로 대화하는 모습을 유심히 관찰해 보자. 어머니와 아버지가 평상시 어떻게 대화를 하고 있는가? 친구들 간에 대화하는 모습을 관찰해 보자. 친구들은 어떻게 서로 대화하고 있는가? 남이 하는 커뮤니케이션 방법을 관찰하고 그 관찰 내용을 글로 기록해 보면 대화의 질이 어떤지 쉽게 파악할 수 있다. 개선이 필요한 점, 수정이 필요한 포인트 등이 무엇인지도 눈에 띌 것이다.

커뮤니케이션은 크게 두 가지 영역으로 구성되어 있다.

1) 비언어적 커뮤니케이션: 인류는 오랜 세월 동안 주로 이 방식을 사용해 왔다. 지금도 커뮤니케이션의 85% 이상은 비언어적으로 이루어진다. 그 중에서도 얼굴 표정이나 손과 발의 동작은 대단히 중요한 비언어적 소통 방법이다.
2) 언어를 통한 커뮤니케이션: 소리를 이용한 소통으로 전체 커뮤니케이션의 10~15% 미만을 차지한다.

사람들은 전자를 후자보다 실제로 더 많이 하며 살아가고 있지만, 마치 후자를 훨씬 더 많이 하는 것으로 오해하고 있다.

'비언어적 커뮤니케이션'에 대해서 좀 더 자세히 살펴보자.

인류는 50만 년 전 또는 100만 년 전부터 무리를 지어 모여서 살기 시작하였다. 이때 인류는 주로 채집이나 사냥을 하면서 살아왔다. 물론 원시시대부터 남자와 여자가 있었기에 오늘날 전 세계 인구가 60억이 훨씬 넘게 번식되어 왔다.

'털 없는 걸어 다니는 원숭이'에 가까웠던 당시 인간의 대뇌 크기는 지금의 1/3에도 미치지 못했다. 이때 이들은 언어보다는 '비언어적 커뮤니케이션'을 훨씬 더 많이 사용하였다. 제스처를 하는 것, 얼굴 표정을 보이는 것, 고함을 지르는 것 등이야 말로 중요한 커뮤니케이션 방법에 속하였다.

일본 이또 반도에는 야생 원숭이들이 모여 살고 있는 국립공원이 있다. 몇 백 마리나 되는 원숭이들이 모여 사는 이곳을 방문하면 이들의 사는 모습, 하는 행동 그리고 대화 등을 볼 수 있다. 원숭이들이 먹고, 뛰어 놀고, 서로 다투고 또 이를 잡아주는 행동 등은 원시시대 인류가 했던 것과 대동소이할 것이다. 이 원숭이들은 비언어적 소통을 주로 하고 있다. 오늘날에도 교육수준이 낮거나 생활수준이 낮은 계층의 사람들은 비언어적 커뮤니케이션을 많이 사용한다.

'언어적 커뮤니케이션'은 비언어적 커뮤니케이션보다 그 역사가 길지 않다. 언어를 통해서 자신의 생각이나 아이디어를 전달하는 것은 어휘구사력이 있어야만 가능하다. 어휘가 부족한 경우 비언어적 커뮤니케이션에 의지할 수밖에 없다. 이 같은 어휘발달은 사람의 성숙 단계와 교육수준과 높은 상관관계를 가진다.

두 가지 커뮤니케이션 방법을 비교할 때, 우리가 하루에 하는 커뮤니케이션의 양을 100으로 본다면 그 중 약 70~80%는 비언어적 커뮤니케이션이 차지하고, 언어적 커뮤니케이션이 차지하는 비율은 20~30%정도에도 미치지 못한다. 나아가 커뮤니케이션의 기본이 되는 기분, 감정, 정서 등은 주로 비언어적 방법을 통해서 상대에게 전달된다. 이에 비해서 언어로 전달되는 것의 내용은 사실적 자료, 숫자, 그리고 문서화된 지식 등이 주를 이룬다.

커뮤니케이션 스타일

직접적 커뮤니케이션Direct Communication

- 말을 통해서 전달되는 소통이 여기에 해당된다.
- 말이라는 매개체를 이용하여 정보나 지식을 발신하면, 수신자가 이를 받아 디코딩Decoding을 통해서 그 의미를 전달받는 것을 말한다.
- 말은 인류가 다른 포유동물과 구별되는 주요한 능력 중 하나이다. 직립 포유동물인 원숭이, 침팬지, 오랑우탄 등도 말은 가지고 있지만, 이들은 다양성, 복잡성, 전달력 등의 측면에서 인간을 따라잡지 못한다.

간접적 커뮤니케이션Indirect Communication

- 커뮤니케이션의 80% 이상은 바로 이 간접적 의사소통인 비언어적 소통으로 이루어진다.
- 여기에는 예컨대 얼굴 표정, 제스처, 옷차림, 자세 등 말로 표현되는 것을 제외한 모든 종류의 의사소통 기법이 해당된다.
- 정치가들은 간접적인 의사소통을 즐긴다. 특히 TV 앞에 서서 자신의 생각을 전달할 때 제스처나 얼굴 표정을 잘 이용하지 못하는 정치가는 성공적이지 못하는 경우가 많다. 비언어적 커뮤니케이션에 익숙한 정치가로 빌 클린턴 전 미국 대통령, 독일의 히틀러, 영국의 처칠 수상, 구 소련의 후르시쵸프 전 수상 등을 들 수 있다.
- 우리가 매일하는 커뮤니케이션을 분석하면 비언어적 커뮤니케이션이 차지하는 비율이 언어적 커뮤니케이션보다 훨씬 더 많다.

영화 발달사와 커뮤니케이션 발달사의 비교

- 영화 발달사의 제 1단계는 무성영화였다. 따라서 이때는 비언어적 커뮤니케이션이 뛰

어난 배우가 탁월한 연기를 할 수 있었다. 〈모던 타임즈〉 등을 제작하고 주연한 전설의 감독 및 배우였던 찰리 채플린은 탁월한 간접적 커뮤니케이터로 인정받고 있다. 국내에서는 무성영화 시대의 〈아리랑〉을 제작 주연했던 나운규가 유명하다.

- 무성영화 다음 단계로 배우들이 대사를 전달하는 영화가 개발되었다. 이때부터 비언어적 능력에 더하여 언어적 능력이 요구되기 시작한다. 뛰어난 배우가 되기 위해서 '커뮤니케이션 역량', 즉 언어능력을 기르기 위한 엄청난 트레이닝이 실시되었다. 〈카사 블랑카〉의 잉그리드 버그만은 원래 스웨덴 태생이었으나 소통을 학습하기 위한 피나는 노력으로 헐리웃에서 스타로 성공한 대표적 사례이다. 오드리 햅번이 출연한 〈마이 페어레이디〉의 스토리는 불쌍한 성냥팔이 소녀가 언어학 교수로부터 소통 능력과 교양을 배우면서 일약 런던 사교계의 스타로 등단한다는 성공적인 스토리를 배경으로 하고 있다.
- TV시대가 도래하면서 기존의 영화관이 각 가정의 안방으로 들어오고 다양한 프로그램이 개발되었다. TV시대에 활약하는 탤런트나 아나운서들은 외모, 태도, 제스처와 같은 비언어적 소통 역량에 추가하여 언어적 소통 역량을 절대적으로 필요로 하게 되었다.

IT/BT/NT 시대의 커뮤니케이션

- 인터넷의 발달과 개인 단말기의 일상화는 산업화 이후 도래한 IT시대의 커뮤니케이션에도 엄청난 변화를 가져왔다. 인터넷 덕분에 신조어가 만들어지고, 휴대폰의 급속한 보급은 젊은 세대 층을 중심으로 짧고 다양한 의미를 가진 신조어 창조를 가속화시키기 시작하였다.
- 글로벌리제이션의 가속화는 이문화 간의 커뮤니케이션의 필요를 만들었다. 특히 얼마나 효과적으로 여러 나라 말로 커뮤니케이션할 수 있는가 하는 다언어 커뮤니케이션 역량이야 말로 한 나라의 국가 경쟁력과 결부되고 있다. 예컨대 유럽의 강소국인 스위스, 네덜란드, 룩셈부르크 국민들은 3~4개의 외국어를 유창하게 구사한다. 북유럽 스칸디나비아 국가인 스웨덴, 노르웨이, 덴마크 사람들 역시 2~3개의 외국어를 사용하는 데 불편이 없다.

커뮤니케이션의 기본The Basic of Communication

변하지 않는 진리는 커뮤니케이션은 '말하는 것'과 '듣기'로 구성되어 있다는 점이다. 뒤에서 이를 좀 더 탐색해 보기로 하자.

커뮤니케이션 스타일Communication Style.

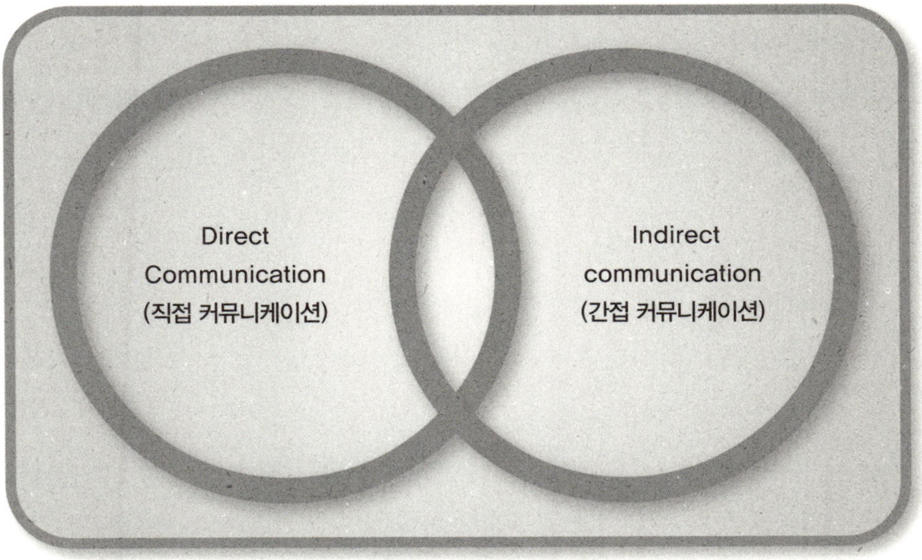

커뮤니케이션 스킬 실습 Communication skill exercise

커뮤니케이션 실습 1

커뮤니케이션은 이론으로 학습하는 것이 아니다. 다음과 같은 방법으로 실습을 해보자.

1. 2인이 1개 팀을 만들고 가위 바위 보로 선생님과 학생 역할을 정한다. 이때 이기는 사람이 학생, 지는 사람이 선생님이다.
2. 첫 번째 실습이 끝나면, 서로 역할을 바꾸어서 두 번째 실습을 진행한다.

실습 1-A

- 두 사람이 한 팀을 만든다.
- 가위 바위 보로 선생님과 학생 역할을 정한다.
- 선생님 역할을 맡은 사람은 실습지 A를 받고, 학생 역할을 맡은 사람은 A4 백지와 연필 또는 볼펜을 준비한다.
- 선생님은 학생에게 실습지의 그림 내용을 말로 설명해 준다. 이때 원본을 절대로 보여줘서는 안 되며, 손가락으로 가르쳐 주어서도 안 된다. 오로지 말로써만 원본 그림의 모양을 크기, 길이 등으로 설명해 준다.
- 학생은 말로 전달되는 설명만 듣고 A4용지에 그림을 그린다.
- 학생은 질문을 해도 좋다. 그러나 선생님에게 원본을 보여 달라고 해서는 안 된다.
- 1회 실습을 할 때 허용된 시간은 3분이다.
- 인스트럭터의 신호에 따라 시간이 종료되면 피드백 란에 자기가 맡은 역할에 따라 방금 실시한 실습에 대한 소감을 기록한다.
- 여기에 기록한 내용은 추후 자기 소속 팀에서 발표한다.

커뮤니케이션 실습지 A

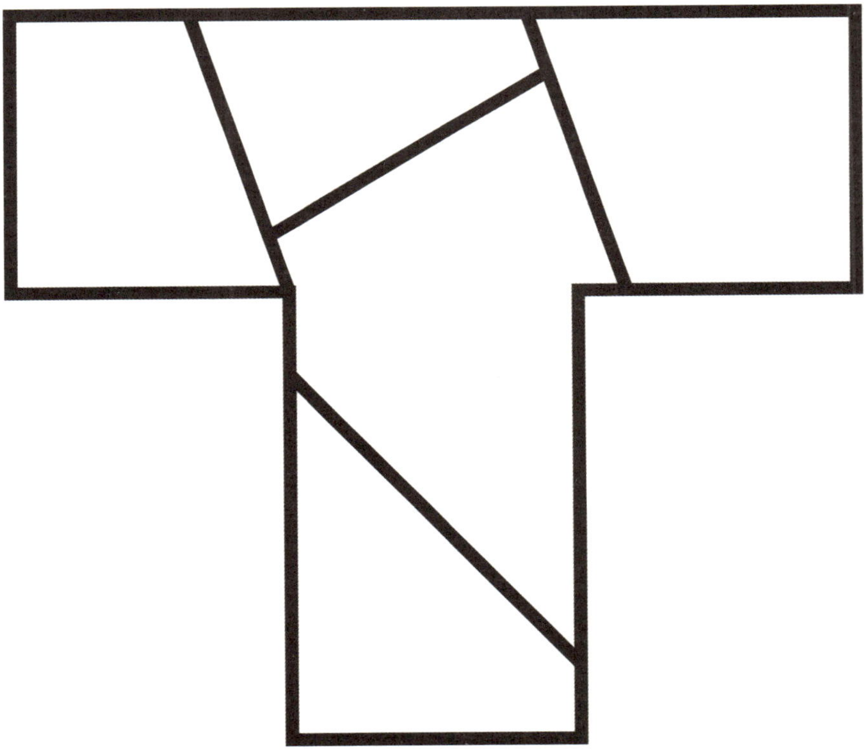

실습 1-B

- 2회전에서는 선생님과 학생이 서로 역할을 바꾼다. 즉 1회전에서 학생 역할을 맡은 사람은 선생님이 되고, 선생님은 학생이 된다.
- 2회전에서도 실습지 B원본의 그림과 똑 같은 모양, 크기, 길이를 설명하여 그리게 한다.
- 2회전 실습을 하는 데도 시간은 3분만 허용된다.
- 시간이 되면, 소감 기록 시트에 각자 두 번째 실습에 대한 자기 느낌을 적는다.
- 각 팀은 다른 팀과 결과를 비교하고 실습에서 학습한 내용을 서로 나눈다.
- 인스트럭터는 가장 잘된 팀 사례와 가장 잘 되지 못한 팀 사례를 골라서 발표시킨다. 이때 역할에 따라서 무엇이 잘 되었는지 또 무엇이 어려웠는지 등, 말로만 지시하고 소통하는 실습이 가진 제한점과 챌린지를 구체적으로 설명하도록 요청한다.

커뮤니케이션 실습지 B

커뮤니케이션 실습 소감 정리

- 이 실습의 목적은 행동학습Learning by Doing이다. 100번 듣는 것보다 실제로 한 번 해보는 것을 통해서 더 많은 것을 배운다.
- 본 실습을 통해서 말로써만 의미, 내용, 지식, 정보를 전달하는 것이 얼마나 어려운가를 체험 학습한다.
- 우리는 소통을 쉽다고 생각하고 자신의 말하는 능력과 듣는 능력에 대해 때때로 과신한다. 그런데 이것이 대단히 위험하다는 것을 본 실습을 통해서 학습한다. 말만 가지고 상대방을 리드한다는 것이 얼마나 어려운가를 배우는 것이다.
- 실습 시 학생 역할을 맡은 사람이 삼각자, 지우개, 그 밖의 보조도구를 사용하는 것은 허용된다. 교육 보조도구를 활용하는 것 자체가 창조적 접근이기 때문이다.

실습지 소감 기록 시트

	선생님 역할 담당자 소감 (발신자 소감)	학생 역할 담당자 소감 (수신자 소감)
제 1차 실행 (A → B)		
제 2차 실행 (B → A)		

커뮤니케이션 스킬 구성 요소

- 같은 문화권에서 이루어지는 커뮤니케이션이나 이문화 간에 하는 커뮤니케이션에는 다음에 제시된 12가지 평가 기준이 공통으로 적용된다. 실제로 커뮤니케이션 자체는 여러 가지 요소로 구성되어 있다. 대화를 할 때 다음에 제시된 12가지 기준을 중심으로 서로 피드백을 주고받으면 '효율적인 커뮤니케이터'가 되는데 도움을 받을 수 있다.
- 12가지 평가 기준들은 문화에 따라 적용되는 정도가 다를 수 있지만, 대체로 공통적이다.

커뮤니케이션 스킬 진단 카테고리

1) 스피드Speed: 커뮤니케이션을 하는 속도를 말한다. 2인, 소집단, 대집단 등 커뮤니케이션을 하는 대상에 따라서 소통의 속도는 달라질 수 있다. 예컨대 두 사람이 커뮤니케이션하는 경우 소통 스피드는 별로 빠르지 않다.
2) 어휘Vocabulary: 사용하는 어휘의 다양성, 풍부함, 적절한 어휘의 선택 등이 여기에 포함된다.
3) 명료성Clarity: 말을 하고자 하는 사람이 자신의 의도를 얼마나 분명하게 전하는가를 말한다. 이때 말의 고저, 강약, 그리고 말의 길이 등도 포함된다.
4) 유머Humour: 대화에 향기를 가미하는 것이 유머이다. 독일에서는 비쩨Witze라고 한다. 영국인들은 여러 사람을 대상으로 스피치를 하거나, 소집단에서 대화를 시작할 때 반드시 유머를 먼저 하나 던지고 나서 시작한다. 런던에서 택시를 타면 택시기사도 유머로 손님을 환영하는 말을 걸어온다.
5) 비언어 능력Non verbal Ability: 커뮤니케이션은 반드시 말을 통해서만 한다고 생각하는데, 이것은 큰 오해이다. 비언어적 커뮤니케이션이 80% 이상을 차지하기 때문이다. 얼굴 표정, 옷차림, 손발 놀림 등도 주요한 소통의 도구이다. 정치인들이야말로 이런 비언어적 커뮤니케이션의 달인이다. 이들은 목소리로 전달되는 컨

텐츠가 얼마나 제한적인가를 잘 알고 있기 때문에 비언어적 역량을 최대한으로 활용한다.

6) 결론Conclusion: 소통에서 마무리하는 것을 말한다. 어떤 대화든 목적이 있기 마련이다. 하지만 준비가 충분히 되지 못한 대화는 마무리나 결론 없이 끝내는 경우가 허다하다.

이상의 6가지 커뮤니케이션 스킬 요인들과 다음에 소개하는 6개의 요인을 결합하면 커뮤니케이션 역량을 진단하는 측정 툴로 활용이 가능하다.

7) 분명하게 의사전달을 하는가? Communicate Clearly: 전달하고자 하는 포인트가 있는지의 유무, 그 내용이 상대가 이해되도록 전달하는지 여부
8) 잘 경청하는가? Listening well: 소통이 얼마나 잘 되는가는 상대가 얼마나 잘 듣느냐에 달려있다. 뛰어난 커뮤니케이터는 훌륭한 경청자이다. 특히 고객 중심 상담Client-centered therapy을 주장한 유명한 칼 로저스Carl Rogers교수가 주장하는 적극적 경청Active Listening이야말로 가장 유효한 소통의 방안으로 꼽힌다. 적극적 경청법을 사용하는 사람은 상대방의 입장에서 상대가 말하는 의도, 입장, 느낌 등에 공감하면서 그 내용을 듣고 피드백한다.
9) 긍정적인 배려를 보이는가? Show positive regard: 대화하는 상대방에 대해서 보이는 자세, 태도, 행동 등이 여기에 포함된다. 부정적 자세나 태도로 소통에 임하면, 대화진행이 처음부터 바로 되지 못한다.
10) 비판이나 평가를 하지 않는다. Be non-judgemental: 비판이나 평가는 커뮤니케이션의 가장 낮은 수준의 기법이다. 이것은 상대방을 방어적Defensive으로 만든다. 비판이나 평가를 받는 것은 마치 상대방이 나를 공격하거나 또는 갑자기 급습하는 것처럼 느끼게 한다. 따라서 비판은 본능적인 방어 기재를 자동적으로 만들게 마련이다. 비판 및 평가는 대화의 가장 마지막 단계에서 필요하다. 뛰어난 커뮤니케이

터는 비판 및 평가를 대화 마지막까지 보류한다.

11) 가끔씩 요약하는가? Summarize regularly: 대화를 진행하는 것은 탁구나 테니스를 치는 것에 비유된다. 한 사람이 공을 치면 상대방이 되 받아서 쳐 넘기는 것과 같다. 이같이 반복되는 과정을 커뮤니케이션 프로세스라 할 때, 기계적 반복보다 진행되는 내용을 가끔씩 요약하는 것이 필요하다. 이것은 "제가 당신의 말을 잘 경청하고 있습니다."라는 메시지를 주기 때문에 말을 하는 사람에게 더 큰 동기를 부여한다. 요약기술은 대화를 하는 사람이 깨닫지 못하고 있는 것을 깨우쳐 주기 때문에 대화의 질을 높이는 데도 크게 기여한다. 즉 요약 및 정리를 하면 대화에서 빠뜨린 부분을 보완할 수 있는 기회를 갖게 된다.

12) 이해도를 체크하기 위해서 질문을 하는가? Ask questions to check: '질문'이야 말로 무엇과도 바꿀 수 없는 강력한 커뮤니케이션 방법이다. 이스라엘 어머니들은 자녀가 학교에 다녀오면 "학교에서 오늘 무엇을 배웠니?"라고 묻지 않고, 그 대신 "오늘 학교에서 어떤 질문을 했니?"라고 묻는다. 질문은 상대방을 성장시키고 나 자신의 성장도 도와준다. 동양의 유교문화권에서는 "질문을 하는 것이 예의에 어긋나는 것은 아닙니까?"라고 묻는 사람도 있다. 물론 문화에 따라서 질문이 가지는 의미가 조금씩 다르지만, 다음의 원칙을 지키는 질문은 세상 어떤 문화에서든지 통용된다.

- "제가 질문을 해도 좋습니까?"라고 사전에 양해를 구한다.
- 겸손하게 말하며 겸양어를 사용한다.
- 지금까지 한 대화에 대해서 먼저 상대에게 '감사'를 표한 뒤에 질문을 한다.
- 질문에 대한 상대의 답변을 부탁할 때는 다시 한 번 "답변을 기대한다."라고 밝히고 감사함을 밝힌다.

커뮤니케이션 실습 2

- 3인이 1개 팀을 만든다.
- A는 커뮤니케이터, B는 질문 제기자, C는 관찰 및 평가자 역할을 맡는다.
- A와 B 사이에 하는 대화를 C로 하여금 커뮤니케이션 진단 카테고리 12가지에 따라 다음 페이지의 진단 표에 체크하도록 시킨다.
- 3인의 역할은 3회에 걸쳐 서로 바꾼다. 따라서 커뮤니케이터가 그 다음에는 질문자가 되고, 질문자가 관찰 및 평가자가 되어서, 모두가 한 번씩 3개의 서로 다른 역할을 해 볼 때까지 실시한다.
- 100번 듣는 것보다, 한 번 해보는 것이 더 많은 것을 체득할 수 있기 때문에 반드시 이 실습을 해보자.
- 커뮤니케이션 스킬을 정확하게 진단하는 방법이 여기 소개한 '3인 팀 티칭' 방법이다.
- 비디오 촬영을 통하여 커뮤니케이션을 하는 모습을 촬영하고 이를 보여주며 피드백을 주는 방법이 효과적이다.
- 비디오 피드백이야말로 사람들을 긴장시키고 진짜 장면과 똑 같이 연출되기 때문에 매우 효과적이다.
- '3인 팀 티칭'을 비디오로 촬영하여 여러 사람이 함께 보면서 진행된 과정에 대해 '잘한 점'이나 '개선할 점' 등을 학습한다.

커뮤니케이션 스킬 진단 Comminication Skill Diagnosis

스피드 1__2__3__4__5__	어휘 1__2__3__4__5__
명료성 1__2__3__4__5__	유머 1__2__3__4__5__
비언어적 능력 1__2__3__4__5__	결론 1__2__3__4__5__
분명하게 의사전달을 하는가? 1__2__3__4__5__	잘 경청하는가? 1__2__3__4__5__
긍정적 배려를 보이는가? 1__2__3__4__5__	비판, 평가를 하지 않는가? 1__2__3__4__5__
가끔씩 요약하는가? 1__2__3__4__5__	이해도를 체크하기 위해 질문하는가? 1__2__3__4__5__

인터뷰와 커뮤니케이션

인터뷰와 커뮤니케이션

성공적으로 취업하여 직장에 들어가기 위해서는 누구나 반드시 거쳐야 할 관문이 있다. 이것이 바로 '면접시험'인 인터뷰이다. 많은 사람들은 전공분야는 열심히 학습하고 준비하지만, 가장 중요한 마지막 관문인 인터뷰 준비는 그에 비해 부실하게 한다. 면접은 '비언어적' 및 '언어적' 커뮤니케이션으로 구성된다. 과거 삼성그룹 이병철 회장이 사람을 뽑을 때 관상 전문 역술인을 동석해서 후보자에 대한 평가를 했다는 것은 유명한 일화이다.

커뮤니케이션의 어려움

- 커뮤니케이션은 "서로가 가진 생각, 감정, 그리고 아이디어, 지식 등을 주고받는 과정"이기 때문에 각자가 가진 가치관과 인생관이 직 · 간접적으로 반영된다.
- 사람들은 일반적으로 말하는 속도보다 10배 이상 더 빠르게 생각하는 능력을 가지고 있다. 즉 인지적 사고를 하는 속도가 생각을 말로 표현하는 것보다 10배 이상 빠르기 때문에 말을 하면서도 여러 가지 생각을 동시에 할 수 있다.

조직 및 회사에서의 커뮤니케이션

- 하향식 의사소통: 조직에서 상사가 부하에게 하는 것처럼 직위가 높은 사람이 낮은 사람에게 흔히 하는 커뮤니케이션이다. 이때 상사는 지시나 명령을 하고, 부하는 수용하고 수행한다.
- 상향식 의사소통: 밑에서 위로 하는 커뮤니케이션을 말한다. 조직 내 계층 사다리에서 밑에 있는 사람이 윗사람에게 의사, 생각, 그리고 지시내용 등 수행한 결과를 보고하는 방식을 말한다. 문화에 따라서 하향식Top-down 소통은 잘 되나 반대로 상향식Bottom-up 소통이 잘 되지 않기도 한다. 한국문화는 대체로 후자에 속한다.
- 수평적 의사소통: 조직에서 직위가 대등한 사람들끼리 하는 의사소통이다. 이 경우 직위에 따른 차이가 없기 때문에 수평적 의사소통은 대체로 편견 없이 진행된다.

커뮤니케이션이란?

- 정의: 언어와 비언어 방법을 통하여 서로가 자아 가진 생각, 감정, 지식, 정보 등을 전달하고 또 수용하는 과정
- 구분: 하향식 의사소통, 상향식 의사소통, 수평적 의사소통

의사소통의 원칙

의사소통을 효과적으로 하기 위해서는 다음과 같은 6가지 원칙을 지켜야 한다.

1) 명료성: 무엇을 말하고자 하는지 그 내용의 분명함과 나아가 전달을 얼마나 명확하게 하느냐이다. 여기에는 다음의 두 가지가 있다.

- 내용의 명료성: 무엇을 말하고자 하는지, 육하원칙[5W1H]-언제, 어디서, 무엇을, 누가, 왜 그리고 어떻게-에 의해 논리적으로 말을 하는지,
- 전달의 명료성: 다수의 사람을 대상으로 할 때 사용하는 기자재(예; 마이크로폰)의 성능이 나쁘면 전달 자체에 명료성이 떨어지게 마련이다.

2) 적시성: 의사소통은 보통 두 사람이 테니스를 치는 것과 같다. 따라서 피드백을 주어야 할 때 적절하게 하지 못하면 대화는 끊어진다. 보통 대화에서는 상대방이 말을 던졌을 때 3~5초 이상 지체되면 대화가 더 이상 자연스럽게 진행되지 않는다. 따라서 적시성인 타이밍이야말로 대화를 생동감 있게 만들어주는 요소이다.

3) 일관성: 쌍방이 다루는 주제의 범위를 벗어나지 않고 커뮤니케이션을 하는 것이 중요하다. 왜냐하면 대화가 원래 주제와 전혀 관계없는 부분으로 흘러간다면 대화 자체가 지속되기 어렵기 때문이다.

4) 분배성: 말을 하는 전달자와 말을 경청하는 수용자의 역할이 적절하게 배분되는 것은 커뮤니케이션의 지속성과 흥미성 유지에 중요하다. 어느 한쪽이 지배적으로 대화하는 것, 나아가서는 상대에게 대화의 기회를 주지 않는 것은 대화가 아니라 일방적으로 지시를 하는 것에 가깝다.

5) 적량성: 주고받는 대화의 양이 서로 적절하게 배분되어야 한다. 일방적으로 한

쪽이 대화를 지배하면 상대방은 흥미를 잃게 될 뿐만 아니라 바람직한 대화를 불가능하게 만든다.

6) 관심과 수용: 서로가 흥미를 가지는 주제, 관심을 가지는 대상을 중심으로 대화가 이루어지는 것이 바람직하다. 전혀 알고 싶지 않은 내용을 가지고 대화를 하면 상대에게 대화 참여의 동기를 부여하지 못한다. 이 경우 상대는 흥미를 상실하기 때문에 대화가 단절되는 결과를 가져오게 된다.

의사소통의 원칙

- 명료성
- 적시성
- 일관성
- 분배성
- 적량성
- 관심과 수용

의사소통의 정확성에 영향을 미치는 요인

커뮤니케이션에 영향을 미치는 요소들

- 준거틀Frame of Reference이 서로 다르다.

: 사람들은 각자 출생에서부터, 학습, 성장, 그리고 살아가는 환경이 서로 다르다. 그 결과 학습하거나 또 노출되어 온 자극이 다르고, 경험이 다를 뿐만 아니라 상호관계를 하는 사람들도 다르다.

: 의사소통을 하면서 판단하고, 참고하는 근거는 지금까지 체험하고 학습해온 경험이 근본을 이룬다. 이처럼 과거 경험이 중심이 되어서 판단의 준거를 제공하는 것이다.

: 현실에 대한 지각도 사람에 따라 다르다. 어떤 사람은 위기를 단지 대단히 위험한 상황으로만 지각하는 데 반하여, 어떤 사람은 '기회'라고 보는 경우도 있다.

: 가치판단이란 사람들이 가진 가치관이 "좋다, 싫다."로 표현되는 것으로서, 이것은 "옳다, 틀리다."라고 하는 규범과는 상호 대비되는 개념이다.

- 인상, 태도, 편견, 그리고 지각Perception

: 사물을 어떻게 받아들이는 것인가가 바로 태도에 해당되고, 태도 형성은 인상형성에서부터 시작한다.

: 인상형성Impression Formation은 대인관계에서 이루어진다. 사람끼리 만나면 제한된 정보를 중심으로 상대방에 대해 인상을 갖는다. 이때 인상은 "좋다." 또는 "싫다."라는 호오성好惡性 중심으로 형성된다.

- 지각의 경우는 사람과 사람의 관계를 밝히는 '대인지각'과 사람이 대상 및 물건에 대해서 하는 지각인 '대물지각'으로 구분된다. 대인지각의 경우에는 '호감도 차원', '감정 차원', 그리고 '행동 차원'의 3가지 차원이 작용한다.

• 정보의 생략

: 커뮤니케이션에서 흔히 나타나는 정보의 생략은 수신자로 하여금 자기 스스로 판단하거나, 짐작하게 만들기 때문에 대화의 정확성을 훼손시킨다. 각자의 경험에 근거하여 유추, 해석, 짐작을 하기 때문이다.

• 의사소통을 전달하는 경로상의 장애

: 소음이나 잡음 등은 정상적인 커뮤니케이션을 방해한다. 이 같은 장애물은 정확한 내용전달을 불가능하게 만든다.

• 여과과정[Filtering process]

: 대화 중에 전달되는 내용을 액면 그대로 수용하는 경우는 아주 드물다. 어떤 내용이든 자기 자신의 가치관, 인생관, 그리고 세계관에 입각하여 '선택적 지각[Selective Perception]'을 하기 때문에 커뮤니케이션에서 장애 내지는 오해가 생길 수 있다.

의사소통의 정확성에 영향을 미치는 요인

- **준거틀의 차이: 과거경험, 현실지각, 가치판단 기준**
- **지각, 인상, 태도, 편견**
- **대화 과정에서 필요하거나 중요한 정보의 생략**
- **의사소통 경로상의 장애(소음 등)**
- **여과[Filtering]과정**

의사소통에 영향을 미치는 요소들

• 과거나 미래에 대한 상상 • 기대 • 신념 • 가치관 • 태도 • 신체적인 조건
• 선입견 • 과거의 경험 • 가정(가설) • 흥미 • 감정

의사소통의 장애요소

1. 말을 듣는 사람은 자기가 듣고 싶은 것만 듣는 경향이 있다.
2. 말을 하는 사람과 듣는 사람은 성격이 다르다.
3. 말을 하는 사람과 듣는 사람은 가치관이 다르기 때문에 서로 다르게 인지한다.
4. 듣는 사람은 말을 하는 사람의 지위나 직위를 감안해서 듣는다.
5. 같은 단어라도 여러 가지 의미를 가지고 있는 경우가 많다.
6. 단어의 뜻이 제대로 이해되지 않을 수 있다.
7. 어조와 억양에 따라 의미가 다르게 전달된다.

커뮤니케이션 체크리스트

다음의 커뮤니케이션 내용에 대한 생각을 기록해보자.

1. 왜 새들은 남쪽으로 날아갑니까?

2. 다른 동물은 가지지 않고 유독 기린만이 가지고 있는 것은 무엇입니까?

3. 코끼리가 담장에 올라가 있다면 우리는 무엇을 준비해야 합니까?

4. 비가 올 때 올라가는 것은 무엇입니까?

5. 집보다 높이 뛸 수 있는 동물은 무엇입니까?

6. 정원에 나갔을 때 당신이 가장 먼저 땅바닥에 내려놓는 것은 무엇입니까?

7. 왜 흰 양이 검은 양보다 엄청나게 많은 양의 풀을 먹습니까?

8. 빈 철창 속에는 몇 마리의 사자가 들어갈 수 있습니까?

9. 만약 당신이 흰 모자를 붉은 바다에 떨어뜨리면 그 모자는 어떻게 되겠습니까?

10. 우유가 들어있는 음식을 다섯 가지만 예를 드십시오.

Module 5

적극적 경청

적극적 경청이란?

자기 자신의 이익이나 만족을 위한 대화 방법이 아니라, 상대방이 자기 자신을 한 층 더 잘 이해하고 사물을 잘 판단하고 나아가 자신 있는 행동을 취할 수 있도록 도와주는 방법을 말한다.

다음은 경청의 8단계에 대해 설명한 것이다.

경청의 8단계

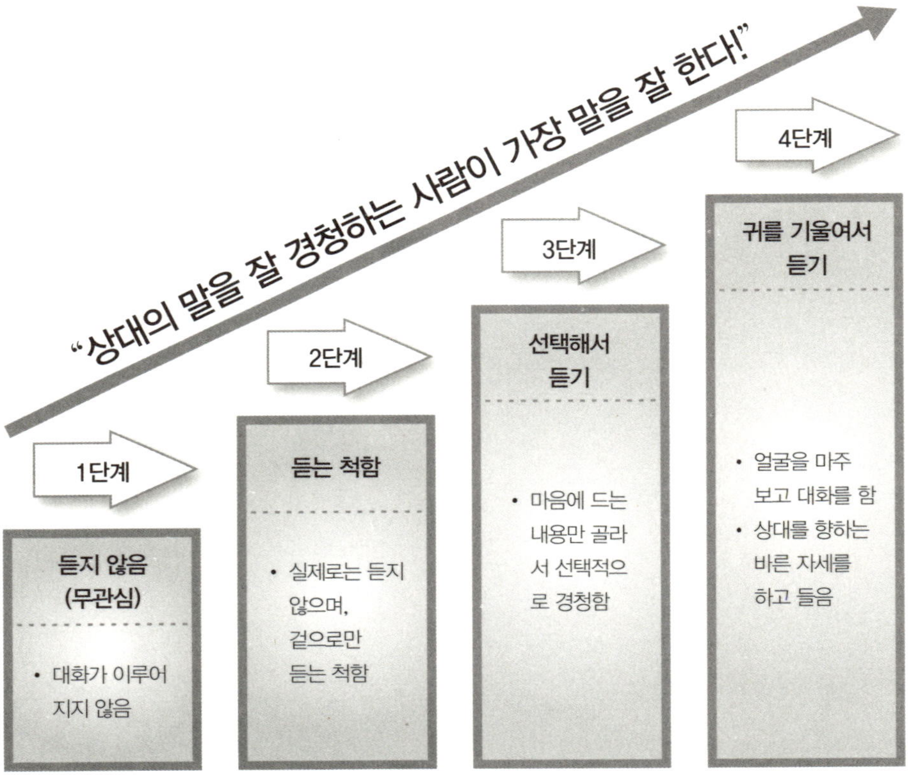

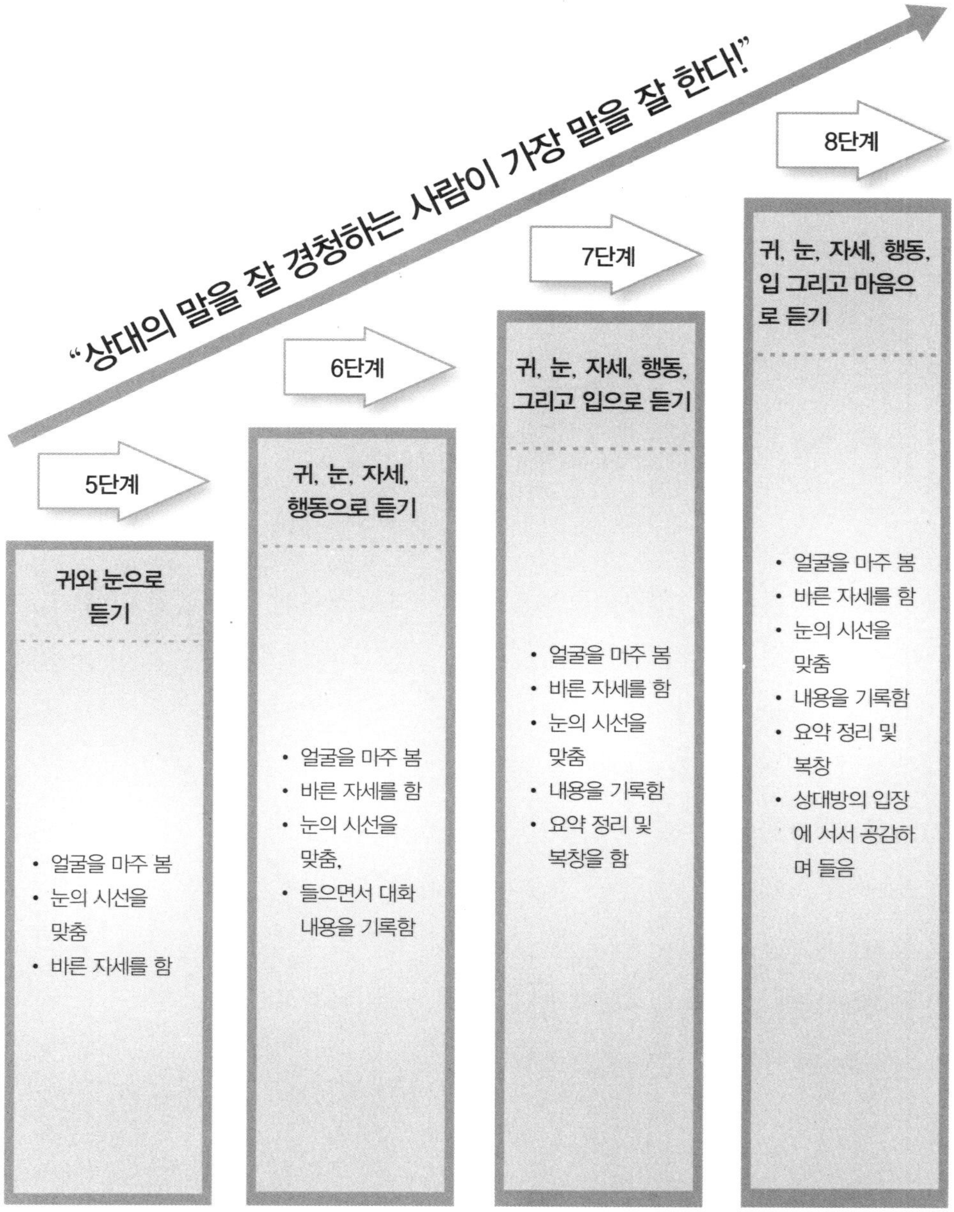

"상대의 말을 잘 경청하는 사람이 가장 말을 잘 한다!"
5단계
귀와 눈으로 듣기
• 얼굴을 마주 봄
• 눈의 시선을 맞춤
• 바른 자세를 함
6단계
귀, 눈, 자세, 행동으로 듣기
• 얼굴을 마주 봄
• 바른 자세를 함
• 눈의 시선을 맞춤,
• 들으면서 대화 내용을 기록함
7단계
귀, 눈, 자세, 행동, 그리고 입으로 듣기
• 얼굴을 마주 봄
• 바른 자세를 함
• 눈의 시선을 맞춤
• 내용을 기록함
• 요약 정리 및 복창을 함
8단계
귀, 눈, 자세, 행동, 입 그리고 마음으로 듣기
• 얼굴을 마주 봄
• 바른 자세를 함
• 눈의 시선을 맞춤
• 내용을 기록함
• 요약 정리 및 복창
• 상대방의 입장에 서서 공감하며 들음

적극적 경청의 장애요소

다음과 같은 경우에는 적극적 경청이 잘 되지 않는다.

- 태도나 마음가짐이 자기 방어적일 때
- 공격을 받고 화가 났을 때
- 경우에 맞지 않거나 유치한 행동을 할 때
- 칭찬을 받고 기분이 좋아졌을 때
- 자기감정에 사로잡혀 있을 때
- 자기신념이나 생각을 바꿔야 할 때

효과적인 대화유도를 위한 경청기법

1) 동기부여를 할 것: 상대방 이야기를 이해하려고 노력하라.

2) 상대방에게 시선을 주어라.

3) 관심을 나타내라(얼굴 표정, 머리 끄덕임 등).

4) 주의를 산만하게 하는 행동을 피하라.

5) 공감적으로 이해하라.

6) 상대방의 대화 내용을 전체적으로 이해하라.

7) 가끔씩 질문을 하라.

8) 상대방의 대화 내용을 자신의 말로 바꾸어 진술하라.

(예: 당신의 이야기는 …을 뜻합니까?)

Module 6

VISION 창조

비전Vison이란?

비전이란 "현재는 아직 이룩하지 못했지만 미래에 달성하고자 하는 꿈이나 희망"을 말한다.

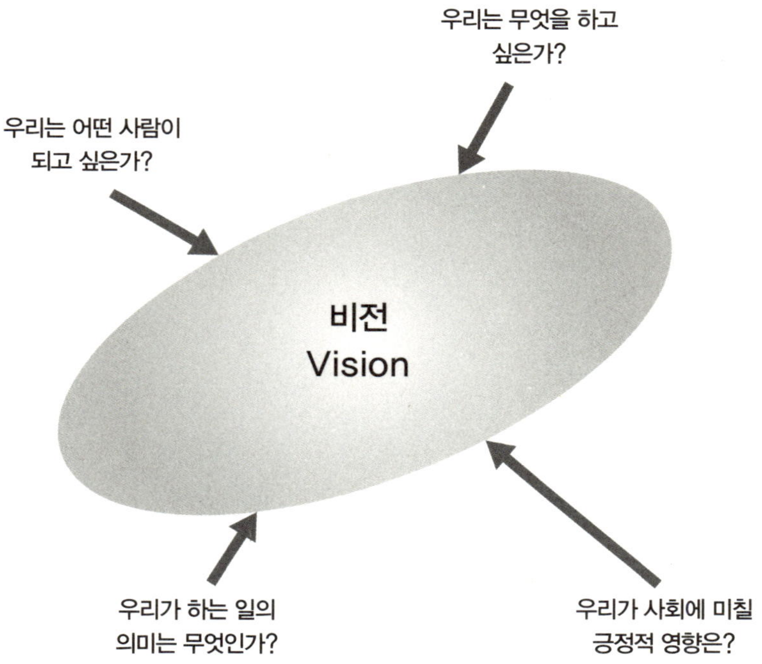

개인 및 팀 비전 창조(꼴라쥬 개발)

1. 우리는 어떤 사람이 되고 싶은가?

2. 우리는 무엇을 하고 싶은가?

3. 우리가 하는 일의 의미는 무엇인가?

4. 우리가 하는 일이 사회에 미칠 긍정적 영향은 무엇인가?

꼴라쥬collage란 무엇인가?

자기가 구상하는 주제를 시각적으로 나타내기 위하여 신문이나 잡지에서 그림이나 사진을 발췌하여 작품을 만들어 그 의미를 전달하는 미술의 한 특수기법이다.

꼴라쥬란 말은 풀로 붙인다는 뜻으로 1920~30년경 브라크와 피카소 등의 입체파 화가들이 시작하였다. 유화 그림의 일부분에 신문지나 벽지 또는 악보 등 인쇄물을 이용하여 풀로 붙인 작품을 선보였는데, 이것을 '파피에 콜레papier colle'라고 부르게 되었다.

이 기법은 주제의 강조, 구도, 채색효과, 그리고 구체감을 강조하기 위한 미술의 한 유파에서 활용하였다.

Module 7

변화를 위한 창조력

창조력 역량 진단

기회가 있으면 다음과 같은 질문을 대상에 관계없이 한 번 던져보자. 학생, 직장인, 가정주부 그리고 누구라도 상관없다. "당신은 자신이 창조적이라고 생각합니까?" 이 질문을 받으면 대부분의 사람들은 대답을 못하고 머뭇거린다.

필자는 가끔 워크숍에서 "여러분 중에 자기 자신이 창조적이라고 생각하는 사람은 손을 들어 보세요."라고 요청한다. 그러면 대부분의 사람들은 서로 눈치만 보고 손을 들지 않는다.

두 번째 질문, "자 그러면, 창조적인 사람은 이 교실에 없다고 보아야 하겠습니다. 다음에는 자기 자신이 비창조적이라고 생각하는 사람은 손을 들어 보십시오." 이때는 옆 사람의 눈치를 보기는 하지만, 몇 명이 마지못해 손을 든다.

그 다음에는 "여러분은 자기 자신이 창의적인지, 또는 비창의적인지를 어떻게 알았습니까?"를 질문한다.

그에 대한 답으로는 "잘은 모르지만 그저 그렇게 생각합니다." 내지는 "저는 같은 일만 반복하니까요." 등과 같은 반응이 나온다.

이제부터 여러분 자신이 '창조적 능력'을 가지고 있는지 여부를 실제로 테스트해 보자. 다음과 같이 실습해 보자. 이 실습은 '종이와 관계되는 것'으로 질문의 요지는 다음과 같다.

"만일 세상에 종이가 한 장도 없이 모두 사라진다면 어떤 일이 일어날 것인가?"에 대해 3분의 시간 동안에 떠오르는 아이디어를 가능하면 많이 기록해 보자.

창조력 테스트

성함(   ), 연령(   ), 성별M(   ), F(   )

“만일 이 세상에 종이가 한 장도 없이 모두 사라진다면, 어떤 일이 일어날까요?” 여러분이 생각하는것을 3분에 걸쳐서 기록하십시오. 빠르게 생각하고 될 수 있으면 많이 기록하세요.

1____________________

2____________________

3____________________

4____________________

5____________________

6____________________

7____________________

8____________________

9____________________

10____________________

11____________________

12____________________

13____________________

14____________________

15____________________

16____________________

……

무엇이 창조력인가? (팀 토의)

창조력의 정의는?

▶ ____________________

▶ ____________________

▶ ____________________

▶ ____________________

▶ ____________________

▶ ____________________

▶ ____________________

▶ ____________________

▶ ____________________

▶ ____________________

Point

- 창조력에 대해서는 다음과 같은 견해를 가진 사람이 많다.

창조력은

1. 잘 이해할 수 없는 것
2. 예측할 수 없는 것
3. 컨트롤할 수 없는 것
4. 정상이 아니거나 괴팍한 사람이 가지고 있는 것
5. 필요성을 모르는 것
6. 투자에 대해 어떤 이익이 돌아오는지 알 수 없는 것
7. 평가할 수 없는 것

창조력에 대해서 올바르게 이해하는 것이 창조력을 발휘하는 첫걸음이다.

창조력 발휘의 특성

"창조력을 발휘하려면 어떻게 해야 할까?" 이것은 창조 경영과 창조적 리더십을 추구하는 삼성, LG, POSCO 등이 던지는 핵심 질문이다.

개인은 창조성을 어떻게 발휘하는가? 이에 대한 설명으로 동기 부여를 들 수 있다. 여기서 말하는 동기Motivation는 두 가지로 나누어진다. 어떤 댓가, 반대급부 또는 포상을 받음으로써 갖게 되는 외적동기Extrinsic motivation가 그 중 하나이고 반대로 자기 내면에서 스스로 발상하여 어떤 일을 해내고자 하는 의지, 결심 등의 내적동기Intrinsic motivation가 다른 하나이다. 창조력을 다루는 사회심리학적 연구들은 특히 후자야말로 창조력 발휘에 결정적인 요소라고 밝히고 있다(하버드 비즈니스 스쿨, Ammabile 교수).

아이디어를 가진 사람에게 관심을 가지고 고무적 시선을 주면서 동기부여를 하는 것은 창조력 발휘에 대단히 중요하다. 상대가 자신의 아이디어를 발상할 때 이에 대해 적극적으로 경청하면서 긍정적으로 반응해 주는 것이야말로, 창조적 사고를 촉진시키는데 필요한 요소이다. 특히 공감적 경청은 상대가 창조적 아이디어를 성숙시키는데 큰 역할을 한다.

'질문'이야말로 오늘날 현대를 살아가는 사람들에게 가장 필요한 핵심 역량이라고 할 수 있다. 따라서 세상에서 가장 불행하고 안타까운 사람은 '질문이 없는 사람'일 것이다. 질문을 제기하라. 자주 물어라. 질문이 창조력을 육성시킨다. 특히 질문을 할 때 필요한 역량이 커뮤니케이션 스킬이다. 상대의 입장에서 공감적 경청을 하면서 대화를 이끌어가라. 상대의 말을 자기 말로 바꾸어 하는 '진술'은 주요한 기술이다. 진술은 요약정리Summary를 일컫는 것으로 상대가 자신의 생각과 아이디어를 체계화하는 데 큰 도움을 준다. 그냥 듣고 있는 자세만으로는 잠자는 거인인 상대의 창조력을 일깨우기에는 역부족이란 사실을 직시하자.

Point

- 창조력을 발휘하는 커뮤니케이션

1. 동기를 부여한다: 상대방 이야기를 이해하려고 노력하라.
2. 상대방에게 시선을 주어라.
3. 관심을 나타내라(얼굴 표정, 머리 끄덕임).
4. 주의를 산만하게 하는 행동을 피하라.
5. 공감적으로 이해하라.
6. 상대방을 전체적으로 이해하라.
7. 질문을 하라.
8. 상대방의 이야기를 자신의 말로 바꾸어 진술하라.

시스템 사고思考와 과업도Task Cycle

확산적 사고와 수렴적 사고

창조력은 우측 대뇌와 좌측 대뇌를 동시에 작용해야 나타난다. 우선 우뇌는 자유로운 발상을 가능하게 하기 때문에 확산적 사고Divergent thinking를 가능케 한다. 그리고 다양하게 나온 아이디어를 정리, 분석, 평가하여 아이디어의 옥석을 구분하는 수렴적 사고Convergent thinking가 필요하다.

여기서 소개하는 과업도Task cycle는 유명한 조직개발 컨설턴트였던 찰리 크론Charlie Krone이 개발한 것으로 우리가 어떤 과업을 수행할 때 필요로 하는 '시스템 사고'에 익숙하게 만드는 데 대단히 유용한 사고지원 도구이다.

과업도Task cycle

1) 목적Purpose : 우리가 어떤 일을 하건 그 일에는 반드시 목적 내지 목표가 있게 마련이다. 목적은 우리가 그 일을 통해서 달성하고 싶어 하는 비전이라고 말할 수 있다. 따라서 아주 하찮다고 생각할 수도 있는 '낮잠을 자는 것'에도 목적이 있고, '공중목욕탕에 가서 목욕을 하는 일'에도 반드시 목적이 있다. 목적이 좀 더 넓은 개념이라면 목표는 좀 더 세분화시킨 것이라 할 수 있다.

2) 준비Preparation : 목적을 달성하기 위해서 반드시 해야 하는 사고 활동 및 정신활동이 여기에 포함된다. 특히 기능적 역량으로 물질적 준비 및 마음과 정신적 준비까지도 포함된다.

3) 과정Process : 이것은 달성하고자 하는 목적을 어떤 단계를 밟아서 달성하느냐를 말한다. 여기에는 문제해결을 위한 방법과 절차가 포함된다.

4) 산출 및 성과Output and Product: 활동을 통해서 얻은 결과를 말한다. 또 이것이 목적과 부합되는지 여부를 점검할 수 있다. 결국 활동을 통해서 얻은 결과인 산출을 최초 목적과 비교하여 그 일치도가 높으면 그 과업은 잘한 것이 된다.

과업도는 일상생활 어디에나 적용이 가능하고 아주 작은 일에도 적용 가능하다. 따라서 어떤 과업이 있으면 준비-과정-산출 순으로 사고하여 그 결과가 목적인 달성하고 싶은 비전과 부합하는지 여부를 검정할 수 있다.

이제 다음의 프로세스를 몸에 익히자. 어떤 일을 하건 절대로 잊지 말자.

- 내가 이 일을 하는 목적이 무엇인가를 먼저 생각해 본다.
- 이를 위해서 내가 무엇을 준비해야 할 것인가?
- 이 일을 어떤 절차로 수행하는 것이 좋을까?
- 마지막 최종 결과는 어떻게 나타나야 하는가?

과업도Tast Cycle는 앞서와 반대 순서로 적용해도 상관없다.

- 이 과업을 통해서 얻고자 하는 성과가 무엇인가?
- 이를 위해서 어떤 프로세스를 밟아야 하는가?
- 이를 위한 준비에는 어떤 것이 있는가?

개인적으로 또는 팀에서 시스템적 사고를 익히기 위해 과업 사이클 실습을 하는 것은 좋은 방법이다. 이 과업 사이클을 개발한 세계적인 석학이며 컨설턴트인 찰리 크론Charlie Krone은 미국 캘리포니아주 대형 보험회사의 전 직원 3만 명에게 이 방법을 조직개발과 연계하여 훈련시켰다.

시스템 사고 思考 의 과업도

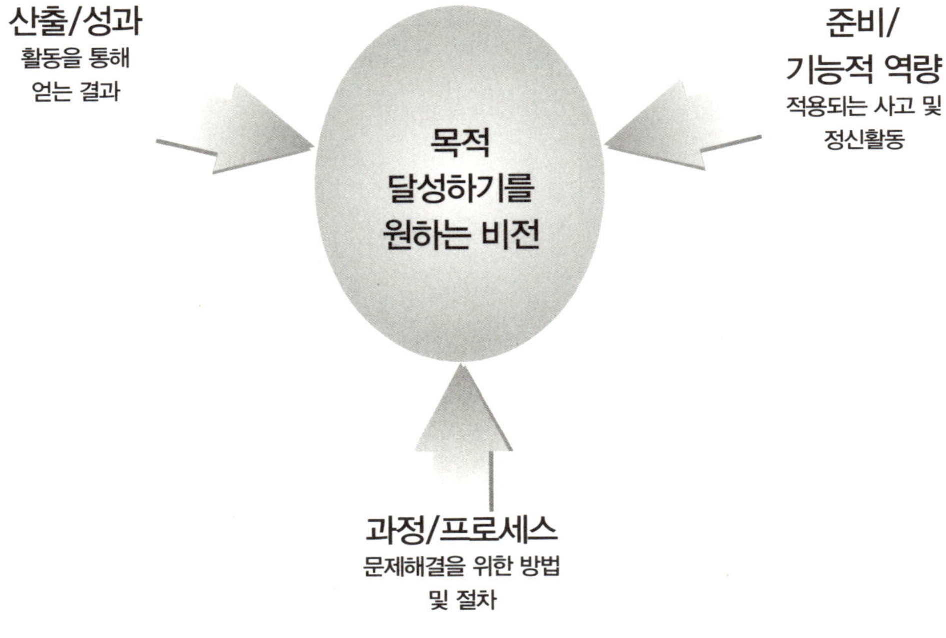

시스템 사고 과업도 실습

팀 실습과제

- 시스템적 사고는 창조력의 수렴적 과정 Convergent statge에서 절대적으로 필요하다. 이를 위해서 다음과 같은 실습을 팀에서 해보자.

과제 선정

- 주말 등산가기
- 공중목욕탕 가기
- 체육대회 개최
- 외국어 실력배양
- 기타

실습과제: 팀 토의 후 결정할 것

브레이인 라이팅Brain Wirting과 포스트 잇Post-it 브레이인 라이팅

이 기법은 팀 창조력을 촉진하는 가장 좋은 방법 중 하나이다. 독일 담슈타트Darmstadt 대학 게슈카Geschka 명예교수가 주창한 이 기법은 브레인스토밍이 가지고 있는 한계를 보완한 기법이다. 브레인 라이팅을 다루기 전에 먼저 우리에게 잘 알려진 브레인스토밍에 대해서 살펴보자. 브레인스토밍은 알렉스 오스본Alex Osborne이 처음 개발한 것으로써 그가 광고회사에서 아이디어를 발상할 때 적용하였고, 그 후 창의적 아이디어는 브레인스토밍으로 동일시 될 만큼 널리 확산되었다.

브레인스토밍Brainstorming의 원칙

- 팀원들이 하는 발언에 대해서 절대로 비판하지 않는다.
- 자유분방하게 생각하고 어떤 아이디어라도 받아들인다.
- 좋은 아이디어가 나오려면 우선 많은 양의 아이디어가 나오는 것이 선결조건이다.
- 질보다는 양 중심으로 아이디어를 대량 생산한다.
- 다른 사람이 내는 아이디어에 편승하여 하이브리드식 아이디어를 만들어낸다.

브레인스토밍이 다양한 장면에서 창의적 아이디어 발상을 추진하는 수법임은 잘 알려져 있지만 그럼에도 불구하고 말로 해야 하기 때문에 제한이 따른다. 바로 이 같은 이유로 말이 전혀 필요 없이 아이디어를 발상하는 브레인 라이팅이 개발되었다.

브레인 라이팅의 원칙

브레인 라이팅은 아이디어 발상 시 철저하게 말을 하지 않는 기법이다. 즉 5~6명의 멤버로 구성된 팀이 침묵 속에서 아이디어를 내기 때문에 아이디어의 양, 발상의 속도 등이 브레인스토밍과 비교하면 훨씬 많고 또 빠르다.

브레인 라이팅 실시 방법

팀원들은 브레인 라이팅 시트를 한 장씩 갖는다. 테이블 중앙에 빈 시트를 한 장 준비한다. 시작을 알리면 팀원들은 자기 시트의 첫 번째 줄 1), 2), 3)에 주어진 주제에 대해서 자신이 발상한 아이디어를 각각 기록한다.

가장 먼저 자기 시트에 아이디어를 기록한 멤버는 테이블 중앙에 놓인 빈 시트와 교환해서 새로운 시트에 아이디어를 기록한다. 팀에서 두 번째로 아이디어 발상을 해서 이를 자기 시트에 기록한 멤버도 자기가 쓴 시트를 중앙에 놓인 시트와 교환해서 다시 아이디어를 기록한다. 이처럼 중앙에 놓인 시트를 중심으로 모든 시트가 돌아가기 때문에 짧은 시간에 많은 양의 아이디어를 발상할 수 있다.

브레인 라이팅을 실시하면 짧은 시간에 발상된 아이디어 수가 대단히 많은 데 놀라게 된다. 이 기법은 아주 짧은 시간에 아이디어의 대량생산이 가능하다. 그러나 바로 이 같은 이유 때문에 브레인 라이팅을 통해서 나온 아이디어는 질적으로 떨어질 수도 있다는 점을 감안해야 한다. 그럼에도 불구하고 아이디어 발상단계인 '확산적 사고'를 할 때는 이처럼 좋은 방안은 별로 없다.

브레인 라이팅은 시차가 다른 원거리에서 근무하는 리모트 팀Remote team에도 적용할 수 있다. 온라인을 이용하여 서로 거리가 멀리 떨어져 있어도 실시하는 데는 아무 문제가 없다. 요즘에는 런던, 뉴욕, 도쿄, 그리고 서울을 연결하여 온라인 브레인 라이팅 미팅을 하는 회사도 있을 만큼 온라인으로 하는 아이디어 발상회의가 점차 활성화되고 있다.

포스트-잇 브레인 라이팅Makoto Takahashi

포스트-잇을 이용한 기법으로 시트를 이용하는 브레인 라이팅 기법과는 다르다. 그러나 여기에서도 적용되는 룰은 같아서 말을 사용해서는 안 된다. 이제 그 방법을 살펴보자.

- 팀은 5~6인으로 구성하는 것이 바람직하다.
- 시트를 시계방향으로 돌려가면서 아이디어 발상을 한다.
- 먼저 시트를 받는 사람은 포스트-잇이 붙은 양식에 좌에서 우로 3가지 아이디어를 기록한다. 이 때 아이디어는 주어진 문제 또는 과제를 중심으로 발상해야 한다.
- 포스트-잇을 사용하기 때문에 시각적으로 보기가 좋을 뿐만 아니라 아이디어 발상 후, 이를 평가하는 단계에 편리하다.
- 포스트-잇 브레인 라이팅의 장점은 발상된 아이디어의 분류가 용이하다는 점이다. 팀원들이 함께 포스트-잇을 떼고 붙이면서 쉽게 분류가 되기 때문에 팀 전체 의견을 수합하는 데 아주 편리하다.

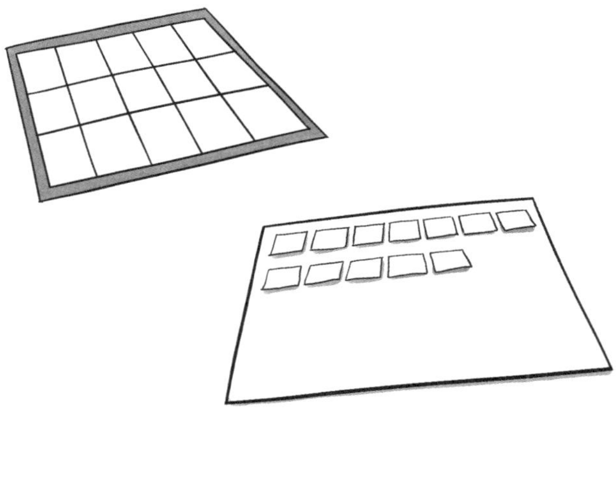

브레인 라이팅은 말없이 진행하는 집단 발상법이다.
팀원들은 서로 말을 하지 않고 아이디어를 시트에 쓴다.

브레인 라이팅 진행방법

1. 팀원 각자가 브레인 라이팅 시트를 1매씩 가지고, 예비시트 1매는 테이블 중앙에 둔다. 먼저 팀에서 아이디어 발상 주제를 정한다.

2. 브레인스토밍 4원칙을 준수하지만 말을 하지는 않는다.
- 비판엄금
- 자유분방
- 질보다 양
- 편승 환영

3. 시작을 알리면, 가로 칸(1,2,3)에 3가지 아이디어를 적는다.

4. 3가지 아이디어를 쓰고 나면, 그 시트를 테이블 중앙에 있는 시트와 교환한다.

5. 자기에게 온 두 번째 시트의 두 번째 칸(4, 5, 6)에 새로운 아이디어 3가지를 다시 기록한다. 이때 이미 기입되어 있는 아이디어에서 자극을 받아서 새 아이디어를 기록해도 좋고, 앞의 아이디어에 조합이나 추가를 해서 적어도 좋다. 단, 동일한 아이디어를 반복 기록하는 것은 안 된다.

브레인 라이팅 실습

- 한 시트는 15개의 칸을 가지고 있다. 5개 줄로 구성되며, 좌에서 우로 3칸 상하로는 5개의 칼럼을 가진다.
- 시작을 알리면 각자는 중앙에 있는 예비시트를 제외하고, 자기 자신 앞에 있는 시트에 팀이 정한 '아이디어를 발상해야 하는 주제'에 대해서 먼저 3가지 아이디어를 기록한다.
- 가장 먼저 3개의 아이디어를 기록한 팀원이 중앙에 있는 예비 시트와 자기 자신이 완성한 시트를 교환한다.
- 두 번째 완성한 사람도 중앙에 제출된 시트와 자기 자신의 것을 교환한다. 이처럼 순서대로 돌아가면, 4~6명이 시트를 모두 채우는 데 주제에 따라 차이가 있지만 약 15-20분 정도면 충분하다.
- 브레인 라이팅을 할 때 적정 인원은 4~6명인 소집단이지만, 인원이 조금 많아도 문제는 없다. 인원이 3명이 되어도 실시가 가능하다.

브레인 라이팅 시트

1	2	3
4	5	6
7	8	9
10	11	12
13	14	15

아이디어 평가법 I

아이디어 평가는 창조력 프로세스의 수렴적 단계에서 실시된다.

이를 설명하기 이전에 먼저 발산적 사고와 수렴적 사고를 비교해 보자.

- 발산적 사고Divergent thinking: 이 단계에서는 자유롭게 많은 수의 아이디어를 발상한다. 이때 비판이나 평가는 금물이다.
- 수렴적 사고Convergent thinking: 이 단계에서는 제안된 여러 개의 아이디어들을 고르고 선택한다.

제안된 많은 수의 아이디어를 대상으로 평가를 해야 한다. 이때 아이디어 평가가 잘되지 않으면, 가장 중요한 단계인 실행으로 옮기는 것이 어렵다.

- 아이디어 평가 기준

:실천 가능한 아이디어인가?

:문제 및 이슈를 가진 당사자가 해결능력을 가지고 있는 아이디어인가?

:중요도가 높은 아이디어인가?

:우선순위가 높은 아이디어인가?

조직에서 이루어지는 일은 대부분의 경우 개인보다 집단, 팀, 부서 중심으로 이루어진다.

따라서 결정 과정에 전체 팀원들의 참여가 없으면, 실천단계에서 구속력Commitment이 담보되지 않기 때문에 효과적인 실현이 불가능하다.

집단이 함께 아이디어를 평가하는 것이야말로 집단 구성원들의 참여 동기를 높일 뿐만 아니라, 사명의식과 열정도 불러일으킬 수 있다.

아이디어 평가

▶ 좋은 아이디어가 나와도 평가 및 선택을 잘못하면 이를 실천하기가 어렵다. 또한 아이디어란 그 자체로는 실용적인 것이 아니다.

▶ 어떤 아이디어를 고를 것인가는 개인의 비전, 팀 및 조직이 추구하는 목표에 의해 결정되는 것이 원칙이다. 이를 위해서 먼저 선행되어야 할 것은 개인 및 팀 그리고 조직의 목표를 명확히 하는 것이고 이것이 아이디어 평가의 주요 기준이 된다.

▶ 아이디어 평가는 주관적으로 개인이 하기보다 집단으로 다수의 사람들이 참여하여 함께 실시하는 것이 좋다. '참여 없는 실천'이란 없기 때문이다.

집단으로 아이디어를 평가하면,

- 집단 멤버 전원의 지혜가 나온다.
- 집단 멤버 모두의 참여의식이 생긴다.
- 집단 멤버들이 함께 아이디어를 실행할 가능성이 높아진다.

아이디어 평가법 II

확산적 사고에서 나온 다수의 아이디어는 수렴적 사고를 이용해서 평가한다.

- 확산적 사고는 질보다 양을 중심으로 많은 수의 아이디어를 내는 단계이다. 엉뚱한 아이디어, 독창적 아이디어도 환영한다.
- 수렴적 단계에서는 이렇게 나온 아이디어들을 설정한 기준에 입각해서 선택하고 선정하는 과정이다. 이때 우선순위, 실행 가능성, 중요성과 완급성 등이 판단기준으로 고려된다.
- 팀 아이디어 평가단계에서 흔히 사용되는 방법은 다음과 같다. (CCL[Center for Creative Leadership])

1) 히트[Hit]: 이 카테고리에 속하는 아이디어들은 그 자체가 대단히 바람직하기 때문에 별 수정 없이 그대로 적용해서 사용해도 가능한 것이다. 다수의 사람들이 아이디어를 내는 경우에도 히트에 해당되는 아이디어는 그 수가 그리 많지 않다.
2) 핫 스폿[Hot spot]: 이 카테고리에 속하는 아이디어는 실천은 가능하지만, 그래도 약간은 손질이 필요하다. 즉 버리기는 아깝지만 실천하기에는 손을 보아야 하는 아이디어들이다.

- 실제 브레인스토밍이나 브레인 라이팅을 통해서 나오는 아이디어 수는 대단히 많지만 이상의 두 개 카테고리를 제외한 아이디어는 제 2차 '확산적 아이디어 발상' 프로세스를 거쳐서 다시 발상할 필요가 있다.

아이디어 평가법

HIT

HOT SPOT

인생의 의미 추구를 위한 자연 탐색법

로고세라피[Logotherapie]를 처음 만든 오스트리아 출신 정신과 의사이며 심리학자인 빅터 프랭클[Victor E. Frankl]은 사람에게 있어서 가장 중요한 것은 '생의 의미 추구'라고 밝혔다. 그는 '의미 없는 인생'을 사는 것은 마치 살아가지 않는 것과 같다고 주장하였다.

빅터 프랭클은 나찌 강제 수용소인 아우슈비츠에 수년간 수감되었다가 생존한 당사자이다. 오스트리아의 수도 빈 출신인 그는 나찌 독일이 독일 및 오스트리아 거주 유태계 주민들을 집단 이주를 통한 강제 수용소로 보내기 시작했을 때, 가족들과 함께 폴란드 북부에 위치한 아우슈비츠 수용소로 이송되었다. 그는 자신이 수용소로 오기 전에 저술한 『로고세라피』에 대한 원고를 수용소 도착 당일 감시병에게 빼앗겨서 찢기는 수난을 당한다. 그러나 바로 이 같은 곤혹스러운 경험이 그로 하여금 "나는 살아서 이 수용소를 나가서 도움이 필요한 사람들에게 로고세라피를 통해서 '생의 의미 추구'를 가르칠 수 있도록 할 원고를

다시 써야 하겠다."고 결심하게 만들고 이것이 그에게는 '생의 의미'로 각인되었다. 실제로 그는 수용소 생활 8년 만에 28대 1의 생존 확률을 통해서 살아서 돌아왔다. 제2차 세계대전 이 후 프랭클은 하버드 대학에서 연구 및 교육활동 등을 하면서 도움이 필요한 사람들에게 로고세라피를 전파하였다. 그는 장수하여 96세를 일기로 생을 마감한다.

'인생의 의미 추구를 위한 자연 탐색법'은 창조력 개발기법의 하나이다. 이는 자연이 우리에게 많은 의미와 가르침을 주는 것에 바탕을 둔 실습이다. 이 기법을 실습하려면 학생들은 강의실이나 워크숍 장소를 벗어나서 개인 별로 밖으로 나가서 자연을 산책한다. 이 같은 산책과정에 자신에 대한 심층적 질문을 던지면서 스스로 자기 인생에 대해서 답을 추구하는 훈련이다. 이때 자연에서 보게 되는 나무나 돌, 나아가 어떤 물건을 보고 아이디어를 발상하거나 또 강의실로 돌아 올 때 아이디어와 연계된 작은 물건이나 나무를 가지고 와도 좋다.

교실을 벗어난 자연에서 산책을 통한 탐색을 마치면 자신의 자연탐색법 시트에 새로운 아이디어를 기록한다. 그 다음 동일한 팀에 속한 멤버들이 서로 돌아가면서 '자연탐색'에서 발견한 내용들을 발표하고 공유한다. 그 후 전체 모임에서 자연탐색법에서 발견한 새로운 아이디어를 발표하고 정리한다.

자연 탐색법이란?

1) 자연은 우리에게 여러가자 다양한 아이디어를 제공해 준다.
2) 자연은 우리가 직면하는 문제를 해결할 수 있는 해결방안을 제시한다.
3) 우리는 자연 탐색을 통해서 자기 인생의 의미를 탐색할 수 있다.

자연 탐색법 실시 방법

주제: "나는 나의 인생에서 어떤 살아가는 의미를 가지고 있는가? 나는 자신이 생각하는 생의 의미를 어떻게 행동으로 옮길 수 있을까?"

1) 먼저 이 주제에 대해서 각자 강의실에서 5분 동안 개인별로 숙고한다. 이때 긴장을 풀고 떠오르는 생각을 메모하면서 숙고한다.

2) 개인별로 강의실을 떠나 자연으로 나간다.

- 산책은 반드시 혼자서 해야 한다. 함께 대화하면서 하는 산책은 금물이다.
- 사전에 정하지 않은 코스를 따라 어떤 특정한 목표 없이 산책을 한다.
- '인생의 의미에 대해 심사숙고하면서 자연이 보여주는 가르침에서 이를 찾고 또 가능하면 실천하는 아이디어를 얻는다.
- 산책 중 서로 만나도 말을 해서는 절대로 안 된다. 무엇보다 침묵이 중요하다.
- 자연에서 어떤 물건을 가져와서 참고하고 발표를 할 때 이것을 팀에게 제시해도 좋다.

3) 정해진 시간이 지나면 모두 강의실로 돌아온다.

4) 자연 탐색 과정에서 발견한 아이디어, 느낌, 감정을 '기록 시트'에 정리한다.

5) 완성된 '기록 시트'를 2인 한 팀이 되어 서로 토론하면서 상호 긍정적 피드백을 준다.

인생의 의미 추구를 위한 자연 탐색법 기록 시트

Module 8

창의적 발상과 문제 해결을 위한 트리즈

창의적 문제해결 기법의 트리즈

트리즈TRIZ란 무엇인가?

근래 들어 산업계에서 트리즈가 화두가 되고 있다. 트리즈는 무엇인가? 트리즈는 원래 러시아에서 탄생하였다. 트리즈를 한 마디로 정의하면 '발명의 방법' 혹은 '창조의 방법'이다. 발명을 하기 위해서 아이디어를 내는 데 도움을 주는 방법인 것이다. 창조를 하기 위한 발상법이라고도 할 수 있다.

그러면 트리즈를 사용하면, 발명이 용이하게 이루어지는 것인가? 또한 트리즈에서 나오는 사고방법을 마스터한다면 누구라도 창조적 아이디어 발상을 할 수 있을 것인가? 지금까지 우리는 "발명이란 번뜩이는 아이디어에서 나온다."라고 생각해 왔다. 그렇다면 발명은 에디슨과 같은 천재가 아니면 불가능한 것인가? 실제는 그렇지 않다. 누구나 에디슨과 같이 될 수 있다.

발명의 방식을 과학적으로 분석하고 정리한 것이 트리즈이며, 생각하는 방식이다. 발명은 번뜩이는 천재성의 영역으로부터 과학기술의 영역으로 이동하고 있다. 과학적인 일정한 방법과 지식을 사용한다면 아이디어가 번뜩이는 천재가 아니어도 발명을 용이하게 할 수 있다.

트리즈를 연구 및 제품개발, 더 나아가 비기술적 경영부문에 적용하고자 하는 움직임이 전 세계적으로 일어나고 있다. 최근 수년 전부터 한국에도 트리즈가 소개되어 급속하게 기업 등에 소개되고 있다. 트리즈를 도입해서 활용하는 대표적인 기업으로는 삼성, POSCO, SK하이닉스, LG전자 등이 있다.

트리즈의 문제해결 기법

'발명적 문제'라는 것은 현재 보유하고 있는 기술, 지식으로는 해결이 불가능한 기술적 문제를 말한다. 구체적으로 말하면 현재 엔지니어나 연구자가 도전하고 있는 개발 테마가 발명적 문제에 해당되는 것이다. 이같은 기술개발에 성공한다면 많은 발명이 나타나게 될 것이다.

트리즈는 기술개발이나 연구를 과학적이고 체계적systematic으로 하는 '생각하는 방식이고 또 그 방법'이다. 엔지니어나 과학자가 이 개발과정에서 필요로 하는 기술이나 지식을 제공하고, 이를 통해서 그 해결에 도달하게 하는 프로세스를 과학적 · 합리적으로 가이드하는 것이다. 트리즈는 망망대해에서 마치 나침반 같은 역할을 하는 것이다.

트리즈는 문제해결에 있어서 네비게이션과 같은 것이다. 트리즈를 이용하면 단시간에 또 효율적으로 기술개발이 가능하다고 이해하면 정확하다. 여기에 더하여 엔지니어나 연구자의 질적 향상을 기대하는 것도 가능하다.

트리즈의 구조

트리즈는 구 소련 유태계 러시아인 겐리히 알츠슐러에 의해 이론으로 체계화되고 정리되었다. 트리즈의 구조는 '문제정의'와 '문제해결'의 부분으로 구분되어 있다.

문제 정의란 "무엇이 문제인가? 문제 내용의 본질은 무엇인가?"를 의미하며 이것을 아리즈ARIZ라고 부른다. 러시아어로 ARIZ는 발명적 문제해결을 위한 알고리즘AIPS: Algorithm for Inventive Problem solving을 의미한다.

트리즈가 다른 창조적 방법과 달리 멋진 점은 이 같은 문제정의와 문제해결의 두 가지 부분을 확실히 가지고 있다는 점이다. 일반적으로 "무엇이 문제인가?"를 분석하는 툴은 많이 있지만, "어떻게 해결하면 좋을까?"를 지원하는 유효한 툴은 별로 많지 않다. 이 같은 의미에서 보면 ARIZ와 비슷한 분석 툴은 세상에 많이 있지만, 문제해결을 위한 유니크한 툴은 트리즈뿐이라고 할 수 있다.

트리즈의 몇 가지 주요 툴

1) 프린시플Principle : 기술적(공학적) 모순문제를 취급하는 툴이다. 통상 '발명'이라고 하면 모순을 해결하는 것, 모순을 개선하고자 하는 것을 말한다. "개선하는 것이 좋겠다."라고 생각하는 이유는 무엇인가? 거기에 모순이 있거나 또는 원만하지 않은 점이 있기 때문이다. 먼저 문제를 정의하고, 기술적 모순을 찾아서 "이를 개선해 보자."는 문제해결의 접근 방식이다.
2) 프리딕션Prediction : 표준발명이나 표준발명수법을 말하는 것으로 사고전개의 방법을 패턴화한 것이다. 일정한 패턴으로 사고전개를 한다면, 일정 수준의 발명이 일정 수만큼의 성과로 나오는 것을 기대할 수 있다. 기술의 진화 트랜드는 프리딕션에 포함된 툴로서, 자기의 기술이 장래에 전개될 것을 예측하고 이것을 통해서 원래 현상을 개선시키는 것을 말한다.
3) 이팩트Effects : 기능과 효과에 대한 지식 사전을 말한다. 이 사전은 지식에 있는 자연법칙이나 효과를 정리해 놓았을 뿐만 아니라, 기능의 입장에서 예컨대 "식히다, 차게 하다."와 같은 방법을 모든 분야로부터 수집해 놓고 있다. 찾고 있는 기능의 입장에서 모든 분야의 원리 · 원칙들이 이해하기 쉽게 정리되어 있다.

트리즈의 전개방식

우선 ARIZ로 문제정의를 한다. 적절하게 문제정의가 되면, 문제해결의 툴인 프린시플, 이팩트, 프리딕션 등으로 나아가면서 문제해결을 도모한다. 또 이와 동시에 기술의 진화 트렌드를 참조하여 장래의 기술을 예측하고 문제해결의 레벨 업Level-up을 도모한다.

이상을 다시 정리하면 다음과 같다

- 문제 정의 기법: ARIZ
- 모순문제를 해결하는 발명원리: 프린시플
- 과학효과를 유효하게 하는 사전: 이펙트
- 기술진화 트랜드와 장래 기술에 대한 예측: 프리딕션(표준적 발명수단)

트리즈의 창시자

트리즈의 생각하는 방식을 창안한 사람은 러시아인 겐리히 알츠슐러Genrich Altshuller이다. 그는 1926년 구 소련 타쉬겐트에서 태어나 1998년 9월에 사망하였다. 어려서부터 발명에 재능을 가졌다고 알려졌다. 그의 재능을 높이 산 소련 해군에서 특허기술자로 근무하였다. 이같은 환경에서 1946년 트리즈 이론의 토대를 만들었으나, 1950년 스탈린에 의해 시베리아 수용소로 보내졌다. 알츠슐러가 트리즈 사고방법을 제창하며 냉전 시대에 있어서 소비에트 국가의 과학기술 전략을 비판하였기 때문이다. 강제수용소에서 그는 트리즈를 더욱 더 발전시켰다.

많은 기술자, 과학자, 법률가, 건축가 등이 이 강제 수용소에서 수용되어 생활하다가 죽어 나갔다. 강제 수용소에서 알츠슐러는 '자기 혼자만이 학생인 대학'을 만들어서, 많은 다른 분야의 기술자, 과학자로부터 매일 강의를 받았다. 그리하여 1954년 스탈린 사망 이후 석방되기까지 수용소의 여러 동료들과 트리즈 이론을 계속 발전시켜 해 왔다.

트리즈의 탄생과 발전

알츠슐러는 소련 해군 특허국에 근무하는 동안 엄청난 수의 특허를 조사하였다. 원래 발명의 재능이 있었지만, "일반의 평균적인 기술자가 우수한 발명을 하기 위해서는 어떻게 하면 좋을까?"라는 테마를 줄곧 자신의 머릿속에서 고민하고 있었기 때문이다. 그는 지금까지 이루어진 수많은 발명과 발견이 이루어진 과정, 그리고 이것이 가지고 온 결과에 대해서 조사하면서 "우수한 발명 및 발견이 에디슨과 같은 천재뿐만 아니라 일반인들도 할 수는 없을까?" 라는 가설을 가지고 연구하였다.

방대한 특허를 조사한 결과, 알츠슐러는 특허에 법칙성이 있다는 것을 깨닫게 되었다. 수많은 특허 속에 표현된 문제해결 프로세스를 분석하고 이것을 정리한다면 문제해결의 방법을 만드는 것이 가능할 것이라고 생각했던 것이다.

1946년 이후 알츠슐러와 그의 동료들에 의해 세계에 있는 30만 건 이상의 특허를 조사하여 마침내 트리즈 체계가 만들어졌다. 이 연구는 소련의 붕궤 후에도 계속되었다. 오늘날 대강 250만 건의 세계 특허가 분석되었다고 이해되고 있다. 트리즈는 오랫동안 세계인에게 알려지지 않고 있다가 미국으로 망명한 유대계 러시아인들의 소개에 의해 단편적으로 알려지기 시작하였다. 트리즈가 본격적으로 세계에 소개된 것은 1989년 베를린 장벽이 붕궤된 이후이다.

90년대 초에 약 10여명의 러시아인들이 미국으로 건너와서 트리즈로 비지니스를 하게 되었다. 이들은 알츠슐러의 제자들이었다. 어떤 이는 트리즈 사업을 시작하거나 대학에서 교육을 시작하였고, 또 어떤 이는 트리즈의 소프트웨어를 개발하여 기술개발의 지원 툴 비지니스를 전개하였다.

트리즈의 사고법은 참신하고 합리적인 사고방법을 있는 그대로 받아들이는 미국인들에게 신선하게 받아들여졌다.

트리즈형 창조 기법

트리즈는 기존의 창조 기법과는 무엇이 다른가?

종래의 발상법, 사고법 등과의 최대 차이점은 알츠슐러가 힌트나 아이디어를 얻는 계기로 발명가나 인간의 사고법을 분석했을 뿐만 아니라, 특히 특허 - 창조적 사고의 결과가 구체적 표현 양식으로 표현된 결과 - 에서 그 방법을 찾았다는 것이다.

특허는 독점적 권리를 의미한다. 특허는 발명의 내용을 공개하는 보상으로 발명자에게 독점권을 주어 보호하며, 일반인은 공개된 발명을 이용할 수 있다. 그 결과로 국가 산업의 발달을 의도하는 것이다.

발명자는 독점권을 원하고, 또 타인의 특허를 침해하지 않기 위한 여러 가지 아이디어를 생각한다. 이러한 아이디어는 인간의 사고 중에서도 주옥과 같은 것이다. 특허 중에는 한 기업의 운명을 좌우하는 것도 있고, 또한 수천억 원의 이익에 해당되는 특별히 뛰어난 사고의 결과가 내포된 것들도 많이 있다. 특허는 이상과 욕망을 포괄하여 포함시키고 있을 뿐만 아니라, 인간의 최고지성을 표현한 구체적 문제해결법 등이 제시되어 있다. 보편적 표현양식에 있어서는 자의적인 것이나 기호적인 것은 배제하고 객관적이고 보편적인 것으로 기록되어야 한다.

특허가 얼마나 중요하고 심각한 문제인가에 대한 최근의 대표적 예로 삼성전자와 애플 사이의 기업 사활을 건 특허전쟁을 들 수 있다. 삼성전자와 애플의 특허전쟁은 이미 연간 약 200억 달러 이상이 투입되고 있다. 200억 달러면 한화로 약 23조 원이 되는 엄청난 돈이다. 삼성전자 역시 이 전쟁에 지지 않으려고 엄청난 돈을 쏟아 붓고 있다. 한편 코오롱을 특허침해로 제소한 듀폰의 예도 있다. 코오롱은 신제품 개발을 위해 수년간 수많은 돈을 엄청난 연구 인력과 함께 투입했는데 이제 와서 듀폰 때문에 한걸음도 더 나아가지 못하고 엉거주춤하고 있다. 이는 특허에 대한 무지, 즉 지적 재산보호에 대한 회사의 무관심이 낳은 결과라고 밖에 볼 수 없다.

알츠슐러는 수많은 특허에서 일정한 패턴이 있는 것을 파악하였다. 특허 속에 표현되어 있는 문제해결 프로세스를 분석하고 이것을 정리한다면 좋은 문제해결 방법을 개발할 수 있으리라 판단했다. 결국 그는 "평균적인 기술자가 멋진 발명을 하는 것이 가능한 방법"을 만드는 것이 가능하다고 생각하였다.

그리하여 자신이 생각한 것을 이론화·체계화하고자 동료들과 연구 끝에 광범위하고 많은 수의 특허를 분석하여 다음과 같은 결과를 만들어 내었다.

1) 공업 및 과학의 각 분야에서는 비슷하거나 같은 문제와 그 해결안이 반복되어 나타나고 있다.
2) 공업 및 과학의 각 분야에서는 동일한 패턴의 기술혁신이 반복되고 있다.
3) 기술혁신은 자기 분야 이외의 다른 분야에서 과학적 효과를 사용하고 있다.

이상과 같이 트리즈는 방대한 특허를 분석하여 통계적으로 일정한 빈도로 사용되고 있는 해결법 등을 추출해서 만들어진 것이다. 앞서 소개했던 다른 발상법과 비교하여 과학적이고 이론적일 뿐만 아니라 다른 발상법들이 가지지 않는 지식이나 풍부한 특허 사례 등을 갖추고 있어 창의적 발상에 있어 뚜렷한 장점을 가진다. 기왕의 특허에 있는 것, 즉 인류의 지적 재산에서 배우고 이용하는 '온고이지신溫故而知新' 정신에 트리즈의 장점이 있는 것이다.

Module 9

자기변화 시나리오

인생은 변화의 연속

"기회라는 창문이 나타나면, 차양을 내려 그늘을 만들지 마라."
–톰 피터스

"만약 내가 사흘 간 볼 수 있다면,
첫날에는 나를 가르쳐준 설리번 선생님의 얼굴을 보겠습니다.
그리고 산으로 가서 아름다운 꽃과 풀과 빛나는 노을을 보고 싶습니다.
둘째 날엔 새벽에 일찍 일어나 먼동이 터오는 모습을 보고 싶습니다.
저녁에는 영롱하게 빛나는 하늘의 별을 보겠습니다.
셋째 날엔 아침 일찍 부지런히 출근하는 사람들의 활기찬 표정을 보고 싶습니다.
점심에는 아름다운 영화를 보고 저녁에는 집에 돌아와 사흘간 눈을 뜨게
해주신 하느님께 감사의 기도를 드리고 싶습니다."
–헬렌 켈러

생의 의미 추구와 질문의 힘

질문의 힘The power of question은 오늘날 현대인이 가져야 하는 대단히 중요한 스킬이다. 그런데 놀랍게도 대학을 입학해서 졸업할 때까지 4년간 수많은 강의에 참가하면서 단 한 번도 질문을 하지 않고 무사히 졸업하는 학생들이 있다는 사실을 도대체 어떻게 이해해야 할까.

질문은 심층적인 사고Depth thinking를 가능하게 한다.

질문이 없다는 것은 흥미, 관심, 동기가 없다는 것과 일맥상통한다. 질문이 없으면 호기심이 없고, 호기심이 없는 사람에게 지적인 흥미나 관심이 일어날 수 없다.

- 자신의 인생의 의미를 추구하는 심층 질문에는 다음과 같은 것이 있다.

1) 나는 누구인가?

2) 나는 어디서 왔는가?

3) 나는 어디로 가는가?

이상의 질문에 답하는 것은 결코 쉬운 일이 아니다. 특히 내 자신이 어떤 존재인가를 다루는 질문인 "나는 누구인가?"라는 물음에 답하기는 쉽지 않다. 그럼에도 불구하고 우리가 가끔 이 세 가지 질문을 스스로에게 던져보는 것은 자기 인생의 질을 높이기 위해서 대단히 중요하다. 심층 질문이기에 "옳다." 또는 "그르다."라는 답은 없다. 그러나 모든 사람이 가장 두려워하고 또 회피하는 질문이 바로 자기 자신과 관계되는 질문이라는 사실에 유념할 필요가 있다.

거울을 통해서 자신을 가끔씩 쳐다보는 데도 용기가 필요하다.

자주 자기 모습을 보아야 진짜 얼굴인 진면목이 보인다. 자신이 아무리 왜소한 존재이고, 지식도 별로 많지 않은 별 가치 없는 보통 사람이라고 생각할 지라도 그래도 나에게는 나 자신 하나 밖에 없다. 바로 이 같은 이유 때문에 아끼고, '나'라는 존재를 계발하고 열심히 가꾸어야 하는 것이다.

심층 사고와 자기인생 품질 추구

• 앞의 3가지 심층 질문에 대해서 개인적으로 답해보고 이것을 다른 동료들과 토의해 보자.

1. 나는 누구인가?

2. 나는 어디서 왔는가?

3. 나는 어디로 가는가?

삶의 의미 추구

제 1단계: 나의 인생과 갖고 싶은 소유물

대부분의 사람은 의식적이든 무의식적이든 소유에 대한 관심이 매우 많다. 책을 사서 모은다든가, 우표를 모으는 일, 나아가 재화를 축적하는 행위 등은 모두 소유와 관계된다. 소유욕이 너무 많은 탓에 바로 그 욕심 때문에 쇠락하는 경우도 있다.

현재와 미래에 내가 가지게 될 소유물에 대해 생각해 보자. 우리는 누구나 밝은 미래를 꿈꾼다. 꿈과 희망을 가지고 미래를 기다린다.

"나는 미래에 무엇을 가지고 싶은가?"라는 질문을 통하여 미래 소유물과 내 자신의 인생을 함께 그려보자.

- 개인으로서의 소유물과 조직 구성원으로서의 소유물

내가 개인적으로 갖고 싶은 것과 조직의 일원으로서 갖고 싶은 것에 대해 생각해 보자. 내가 현재 가지고 싶은 것, 또 미래 어느 시점에 가지고 싶은 아이템에 대해 옆의 동료들과 토의해보자. 많은 경우 놀라운 사실은 내가 원하는 소유 목록이 주변 친구들의 그것과 거의 대동소이하다는 점이다. 희망하는 소유물 리스트를 작성하다 보면 대부분의 경우 거의 비슷한 품목이 공통적으로 나타난다.

나의 인생과 소유물

		무엇	언제
내가 지금까지 소유한것은?	개인		
	조직의 일원		
내가 앞으로 반드시 갖고 싶은 것은?	개인		
	조직의 일원		

제 2단계: 나의 인생과 하고 싶은 일들

나는 나의 인생에서 "어떤 일을 하고 싶은가?"

하고 싶은 일을 하면서 사는 사람은 행복하다고 한다. 행복하기 위해서는 먼저 내가 하고 싶은 일이 무엇인지를 찾아내야 한다.

하고 싶은 일을 하기 위해서는 하지 말아야 할 일을 찾아서 이를 중지하는 것이 중요하다.

자신에게 "내가 하지 않는 것이 좋은 일은 무엇이 있는가?" 질문해 보자.

질문에 추가하여 내가 진정으로 되고 싶은 존재가 되기 위해서,

"지금 당장 시작해야 하는 것은 무엇인가?"

"지금 당장 그만두어야 하는 것은 무엇인가?"라고 질문해 보자.

우리는 중지해야 할 여러 가지 일들을 의식적 또는 무의식적으로 계속하고 있다.

예컨대 흡연, 음주, 손톱 뜯는 습관, 머리 긁적이는 것 등은 그러한 좋은 예이다.

이 경우는 불필요하거나 또는 하지 않는 것이 자기 자신을 위해서 더 좋기 때문에 그만두어야 할 것으로 정리한다.

그럼, 앞으로도 계속해야 할 것은 무엇인가?

자기계발, 자기학습, 그리고 미래에 대한 설계 및 투자 등이 여기에 해당된다. 신체적, 정신적 그리고 사회 · 정서적 자기계발은 늘 지속적으로 해 나가야 할 일들이다. 효과적인 시간 관리, 낭비의 제거, 꾸준한 개선도 여기에 해당된다.

제 3단계: 나의 인생과 존재

'존재'라는 개념은 독일 철학에서는 실존Sein 으로 설명한다. 존재는 또 당위성Sollen 이라는 개념과 연계되어 있다. '나'라는 존재는 천상천하에 둘도 없는 실체이기 때문이다. 두 개의 나는 애당초 존재하지도 않는다.

자기 자신에 대해서 똑바로 볼 수 있는 사람은 별로 많지 않다. 왜냐하면 우리 인간은 앞만 바라볼 수 있도록 눈이 위치하고 있기 때문이다.

때문에 우리는 자기 자신보다 남을 더 잘 볼 수 있다. 그래서 남에 대한 말을 쉽게 한다. 내가 내 자신을 보려고 하면 거울이라는 수단을 빌리지 않고는 불가능하다. 그러므로 대부분의 사람들은 자신을 바라보고 관찰하는데 익숙지 못 하다.

내가 나를 보는 데는 엄청난 '용기'가 필요하다. 내가 보는 나는 '부족하고, 왜소하고, 못생기고 또 안타깝기' 때문이다. 실제 문화에 관계없이 많은 사람들은 자기 자신을 거울에 비춰보고 관찰하는 것이 너무나 고통스럽고 어렵고 힘들다고 고백하고 있다.

'생의 의미 추구'와 연계되는 '나의 인생과 존재'는 심층적 질문이다. 많은 사람들이 쉽게 대답하지 못하는데, 이러한 반응은 너무나 정상적이다.

"나는 어떤 존재가 되어야 하는가?"

이것은 내가 창조하는 미래에 나는 어떤 존재가 되어야 하는가를 의미한다.

현재는 아직 그 목표까지 가지 못하고 있지만, 내가 미래에 꼭 되고 싶은 존재는 무엇인가를 찾아내는 것이다. 이같은 심층 질문에 답하려면 반드시 심층적 사고가 요구된다.

이상의 질문을 다른 사람들과 토의해 보라.

이들도 역시 어렵다고 답하지 않는가? 그래도 의미 있는 것은 이를 통해 스스로를 돌아볼 수 있다는 점이다. 실제로 가장 미스터리한 존재가 바로 나라는 존재이다.

리더십은 이처럼 '나의 깊은 자아'를 탐색하는 데서 출발한다.

진정한 리더십은 '자기변화'이고, '나부터, 지금부터 그리고 여기서부터' 변화를 시작해야 한다.

나의 인생과 존재

나는 어떤 존재 인가?	개인		
	조직의 일원		
나는 어떤 존재가 되어야 하는가?	개인		
	조직의 일원		

개인비전 개발-시나리오 디자인

시나리오 디자인Scenario Design이란 무엇인가?

우리의 인생은 과거, 현재, 그리고 미래의 시간으로 구성되어 있다. 과거는 이미 지나간 시간이다. 아무리 후회하고 되돌리고 싶어도 헛될 뿐이다. 현재는 어떤가? 리더십을 체험학습하고 있는 이 순간에도 현재는 과거로 흘러가고 있다. 그러므로 현재는 하나의 점이다.

그러면 미래는 어떤가?

우리는 미래를 잘 모른다. 미래는 불확실해서 설혹 예측하고 예견해도 과연 그것이 닥쳐올지 알 수가 없다. 제2차 세계대전을 승리로 이끈 영국의 수상 윈스턴 처칠은 "우리가 더 먼 과거를 볼 수 있다면, 더 먼 미래를 볼 수 있을 것이다."라고 주장하였다. 과거는 다가올 미래에 대한 거울이라는 사실을 위대한 정치가 처칠은 이미 꿰뚫어 보고 있었던 것이다.

미래 시나리오 디자인

세계 굴지의 석유회사인 로열 더치 셸Royal Dutch Shell은 1970년대부터 어떻게 하면 앞으로 전개될 미래에 대해서 회사가 효과적으로 예측하고 준비할 수 있을까를 연구했다. 이 회사의 가장 중요한 비즈니스 전략은 항상 석유가격에 의해서 결정되었다. 이 회사는 임원 및 관리자들에게 '시나리오 라이팅' 훈련을 실시하였다. 시나리오 디자인에서는 우리가 비록 미래를 볼 수 없어서 불확실하지만 미래는 다음 세 가지 시나리오 중 어느 하나일 것이라는 전제하에서 출발한다.

1) 현재보다 더 나은 미래

2) 현재와 대동소이한 미래

3) 현재보다 더 못한 미래

사람들은 미래를 준비하기 어렵다고 말한다. 그러나 만일 우리가 앞의 세 가지 미래를 모두 준비해 놓는다면, 향후에 나타날 미래를 겁내지 않고 맞이할 수 있지 않을까?

샌프란시스코에 위치하고 있는 GBNGlobal Business Networks에서는 '미래 시나리오' 개발 워크숍을 1년에 두 차례 개최한다. 여기에서는 다음과 같이 개인, 집단 그리고 조직 내에서 자기 자신의 역할을 중심으로 미래를 준비하는 시나리오 플래닝Scenario planning을 교육하고 있다.

닥쳐올 미래에 대한 준비 영역

- 개인으로서
- 가족의 일원으로서
- 팀 및 조직의 일원으로서
- 지역사회 및 커뮤니티의 일원으로서
- 국가 및 지구촌의 일원으로서

개인이 동시에 수행해야 하는 역할에 입각하여 미래를 준비하는 시나리오 플래닝을 수행한다.

개인 시나리오 디자인 프로세스

다음은 '자기 리더십'과 시나리오 디자인을 결합시킨 실습이다.

이 실습은 자기 자신을 좀 더 깊이있게 관찰하고 숙고할 수 있는 심층적 접근이 목적이다.

이 실습을 진행할 때 반드시 각 문항에 대한 답을 진술하고 구체적으로 기록하지 않으면 안된다. 만일 거짓으로 반응을 하는 경우 다음 문항의 대답이 불가능하다. 자신에게 진술한 시나리오 디자인을 작성해 보자.

제1단계

내가 아는 사람들 중 '행복해 보이는 사람' 이 있다면, 그들의 이름과 내가 생각하는 이들의 '행복한 이유'를 기록한다(세 사람의 이름과 각자의 행복한 이유 기술).

①________________________________

②________________________________

③________________________________

제2단계

내가 더 이상 생활을 위해서 일하지 않아도 좋을 만큼 여유가 있고, 또 내가 원하는 모든 것을 할 수 있다고 가정하자. 이때 내가 하고 싶은 일은 무엇인가? (세 가지 기술)

①________________________________

②________________________________

③________________________________

제3단계

내가 이 일들을 하고 싶어 하는 이유는 무엇인가? (세 가지 기술)

①________________________________

②________________________________

③________________________________

제5단계

내가 가장 부러워하는 사람들은 어떤 사람들인가?

①

②

③

제6단계

내가 현재 몸담고 있는 조직 및 직장에서 하는 일 중에서 가장 가치 있는 일은?

①

②

③

제7단계

나의 개인 생활에서 가장 가치 있는 일은 무엇인가?

①

②

③

제8단계

내가 현재 하는 일 또는 할 수 있는 일 중에서 다른 사람들에게 가장 큰 가치를 만들어주는 일들은 무엇인가?

①____________________________

②____________________________

③____________________________

제9단계

내가 나의 인생에서 "진정 반드시 해야 한다."라고 때때로 느끼는 일들은 무엇인가?

①____________________________

②____________________________

③____________________________

제10단계

아래 나의 '개인 비전'에 대한 각각의 물음에 진정으로 포함시키고 싶은 요소들은 무엇인가?

1) 나는 무엇을 갖고 싶은가?

①______________________________

②______________________________

③______________________________

2) 나는 어떤 일을 하고 싶은가?

①______________________________

②______________________________

③______________________________

3) 나는 어떤 사람이 되고 싶은가?

①______________________________

②______________________________

③______________________________

제11단계

나의 개인 생활에서 가장 가치 있는 일은 무엇인가?

①______________________________

②______________________________

③______________________________

제12단계

'되고 싶은 사람'이 되기 위해서 내가

1) 지금 당장 시작해야 하는 것은 무엇인가?

①____________________

②____________________

③____________________

2) 지금 당장 그만두어야 할 것은 무엇인가?

①____________________

②____________________

③____________________

3) 앞으로도 계속해야 할 것은 무엇인가?

①____________________

②____________________

③____________________

Module 10

시간관리 리더십

시간관리: 호손효과Hawthorne Effect와 파킨슨 법칙Parkinson Law

호손효과

호손Hawthorne연구는 미국 시카고 근교에 있는 웨스턴 일렉트릭Western Electric Company의 호손 공장에서 하버드대학 심리학 교수 엘튼 마요Elton Mayo박사의 주도하에 실시했던 연구이다. 이 공장은 전화 교환기를 생산하는 곳이다. 연구는 생산 현장에서 조명, 환기, 휴식 등 여러 가지 물리적 근무조건 변화가 생산성에 미치는 영향을 확인하기 위한 목적으로 실시되었다. 연구 결과 생산성은 조명수준(조명을 높이거나 또는 낮춤)이나 환기 조건과 별다른 상관관계가 없었다. 생산성은 직접적인 물리적 요인보다 종업원의 심리·사회적 요인이 직접적 영향을 미친다는 사실이 밝혀졌다. 놀라운 결과는 종업원들이 자신이 연구대상으로 선정되었다는 이유로 생산성이 높아졌다는 사실이다. 이 연구로써 "관심 대상이 되고 남들의 주목이 쏠리면, 이것이 좀 더 잘 하고자 하는 생산성과 연계된다."는 결과가 확인되었는데, 이것을 호손 효과Hawthorne Effect라고 한다.

1920년대에 1년 프로젝트로 시작한 연구는 12년에 걸쳐 실시되었고, 여기서 밝혀진 연구 결과는 '산업 조직심리학'의 탄생에 큰 기여를 하게 되었다. 호손 효과를 비롯하여 집단 및 팀 다이내믹, 팀 규범 그리고 공식집단 및 비공식집단 등이 본 연구를 통해서 밝혀지고, 이후 경영학 전반에도 큰 영향을 미쳤다.

호손 연구는 개인의 시간관리 리더십과 어떤 관계를 가지는가?

호손 연구에 참가했던 종업원들은 '시간일지'를 작성하는 날이면 자기도 모르게 무의식적으로 생산성을 증가시켰다. 시간일지를 기록하고 체크한다는 것 자체가 바로 '자기 자신이 관심의 대상'이 되는 일이기 때문이었다. 본 연구가 제시하는 결론의 하나는 시간 관리를 위한 '시간일지'를 기록하는 행위와 자신이 그 연구 대상으로 선정되었다는 사실 자체가 생산성을 높였다는 것이다.

파킨슨Parkinson 법칙

영국 경제학자였던 파킨슨Parkinson은 다음과 같은 법칙을 발표하였다.

"사람들은 자기에게 허용된 시간, 즉 사용할 수 있는 시간에 맞추어서 자기 일을 확대시킨다."

예컨대 당신이 자신의 공부방을 정리하기 위해서 어느 일요일에 6시간을 투입하기로 계획했다고 하자. 그러면 정리를 끝마치는 데 아마도 6시간이 걸릴 것이다. 그러나 실제로는 이보다 훨씬 더 짧은 시간에 공부방 정리를 끝마칠 수 있다.

이처럼 우리는 시간이 많으면 그만큼 더 긴 시간을 자신의 일에 투입한다. 이와 반대로 그 일에 허용된 시간이 짧아지면 '더욱 바쁘게 대처하는' 경향이 있다. 그러나 단지 '바빠지는 것' 자체는 생산성의 향상과는 별 상관이 없다. 바로 이 같은 이유에서 시간 관리가 대단히 중요하다.

시간관리야말로 자산 관리

자산에는 어떤 것들이 있는가?

돈, 부동산, 지식, 지위, 인적 네트워크 등이 있다. 여기에 더하여 시간이야말로 우리가 가진 가장 중요한 자산이다. 시간은 가진 자/가난한 자, 배운 자/ 배우지 못한 자, 늙은이/ 젊은이, 남자/여자 등에 관계없이 누구에게나 똑같이 공평하게 배분된 자산이다.

10세기 유명한 신학자였던 토마스 아퀴나스Thomas Aquinas는 시간에 대한 개념을 정리하면서, 시간은 과거-현재-미래로 구성된다고 설명하였다.

시간의 개념을 정확히 파악하는 것은 대단히 중요하다. 과거, 현재 그리고 미래에 있어서 시간은 그 개념 자체가 서로 다르기 때문이다.

1) '과거'란 가버린 것이다. 우리가 아무리 애를 쓰고 노력해도 가버린 과거는 시위를 떠난 화살일 따름이다. 가버린 과거는 다시 돌아오지 않는다. 쏟아버린 물처럼 절대로 다시 주워 담을 수가 없다.

2) '미래'는 어떤가? 미래는 불확실하다. 우리는 자기 앞에 놓인 한 치 앞의 미래도 내다보지 못한다. 우리에게 10년 후가 있을지, 1년 후가 있을지, 나아가 한 달, 일주일 후가 있을지 아는 사람은 그 누구도 없다.

3) 결국 우리에게는 '현재'밖에 없다. 현재는 지금 이 글을 읽는 순간에도 미래에서 와서 과거로 흘러간다. 영어권에서는 현재를 'Present'라고 한다. '현재야말로 신이 우리에게 준 선물'이라고 생각하기 때문이다.

시간 로그Time Log

다음에 제시된 시간 로그Time Log를 기록해 보자. 이 방법은 미국의 세계적 대기업 IBM에서 전사적으로 사용하는 시간 스케줄링 방법이다.

작성 전 유의사항은 다음과 같다;

1) 하루 24시간을 대상으로 우리가 활동하는 시간을 매 15분 단위로 나눈다. 따라서 어떤 일을 15분 이내에 완료하고 다른 일을 시작하였다면, 해당 활동 란에 두 가지 일을 적어도 좋다.
2) 내가 기록한 그 일을 다른 사람에게 맡기는 위임이 가능한지 여부에 대해서 '예' 또는 '아니오'로 답하게 되어 있다. 이때 다른 사람에게 맡길 수 있다면 '예'를, 그렇지 못한 경우는 '아니오'를 체크하라.
3) 위임 가능한 경우는 누구에게 위임을 할 것인지 그 사람의 이름도 기록한다.

Ⅰ, Ⅱ, Ⅲ, Ⅳ로 구분된 란에는 실제로 자기가 한 일들을 다음과 같은 기준에 입각해서 분류하고 기록해야 한다.

: Ⅰ 카테고리: 중요하고 급한 일들

: Ⅱ카테고리: 중요하지만 급하지 않은 일들

: Ⅲ카테고리: 중요하지는 않지만 급한 일들

: Ⅳ카테고리: 중요하지도 않고, 급하지도 않은 일들

아침 기상 시간부터 저녁에 잠을 자는 순간까지 '실제로 한 일들'을 중심으로 기록해 보자. 자신이 얼마나 시간을 유익하게 사용했는지 또는 좀 더 효율적으로 시간을 보내는 방법은 없는지, 잘못 사용한 시간은 없는지 등에 대해서 가르쳐 줄 것이다.

작성 시 유의사항

지나간 일들을 기억하기란 쉽지 않다.

그러나 가능하면 정확하게 있는 그대로 기억하여 기록하는 것이 바람직하다. 이때 "그렇게 했으면 좋겠다."라든지, 아니면 "꼭 그렇게 하고 싶었다."와 같이 희망이나 소망을 적어서는 안 된다. 반드시 실제로 한 일을 정리 기록한다.

타임 로그Time log 작성은 어디까지나 사실에 바탕을 두고 그대로 기록하는 것이 중요하다. 이는 자신이 사용한 시간을 브레이크 다운Break down하는데도 반드시 필요하다.

이 기법은 산업심리학에서 하는 직무분석Job Analysis에서도 널리 활용된다.

- 위임 가능성

사람에 따라서는 누구에게나 주어진 24시간도 잘 못 사용한다. 낭비하는 시간이 많거나 비효율적으로 보내는 시간이 과다한 경우이다. 그런데 능력이 있는 사람은 하루 24시간을 마치 36시간 또는 48시간 이상으로 사용한다. 이 경우 필요한 능력은 바로 타인에게 자기가 해야 할 일들 '위임'하는 것이다. 위임이란 다른 사람이 나를 대신해서 일을 하도록 시키는 것이다. 조직에서 지위가 높은 사람이 아래에 있는 사람에게 일을 시키는 경우가 여기에 해당된다. 그런데 일에 따라서는 위임이 되는 것도 있지만 그렇지 않은 것도 있다. 이를 구분하는 방법을 다음의 타임 브레이크 다운Time break down에서 학습해 보자.

- 시간 관리의 효율성을 높이기 위해 타임 로그를 작성하고, 한 일들을 브레이크 다운 해보자.
- 사람들은 실제로 시간보다 귀중하지 않은 자산도 빈번히 확인하는 습관을 가지고 있다. 지갑에 든 돈이 현재 얼마 남아 있는지, 통장 잔고는 얼마인지 등은 놀라울 정도로 자주 확인하지만 시간 잔고에 대한 확인은 하지 않는다. 그런데 통장 잔고보다 더 중요한 시간은 한 번 가면 영원히 다시 오지 않는다. 가끔씩 시간을 체크하지 않으면 너무 쉽게 낭비할 수 있다.
- 시간은 유한하고 값비싼 자산이라는 패러다임을 갖는 순간부터 자신의 유한한 인생에서 남보다 인생을 더 잘 살고 더 오래 사는 길이다.

타임 브레이크 다운: Time Log(계속)

	활동	I, II, III, IV	위임가능 여부 (O,X)	누구에게
05:00-05:15				
05:15-05:30				
0530-05:45				
06:00-06:15				
06:15-06:30				
06:30-06:45				
06:45-07:00				
07:00-07:15				
07:15-07:30				
07:30-07:45				
07:45-08:00				
08:00-08:15				
08:15-08:30				
08:30-08:45				
08:45-09:00				
09:00-09:15				
09:15-09:30				
09:30-09:45				
09:45-10:00				
10:00-10:15				
10:15-10:30				
10:30-10:45				
10:45-11:00				
11:00-11:15				
11:15-11:30				
11:30-11:45				

타임 브레이크 다운: Time Log(계속)

	활동	I, II, III, IV	위임가능 여부 (O,X)	누구에게
11:45-12:00				
12:00-12:15				
12:15-12:30				
12:30-12:45				
12:45-01:00				
13:00-13:15				
13:15-13:30				
13:30-13:45				
13:45-14:00				
14:00-14:15				
14:15-14:30				
14:30-14:45				
14:45-15:00				
15:00-15:15				
15:15-15:30				
15:30-15:45				
15:45-16:00				
16:00-16:15				
16:15-16:30				
16:30-16:45				
16:45-17:00				
17:00-17:15				
17:15-17:30				
17:30-17:45				
17:45-18:00				
18:00-18:15				

타임 브레이크 다운: Time Log(계속)

	활동	I, II, III, IV	위임가능 여부 (O,X)	누구에게
18:15-18:30				
18:30-18:45				
18:45-18:00				
19:00-19:15				
19:15-19:30				
19:30-19:45				
19:45-20:00				
20:00-20:15				
20:15-20:30				
20:30-20:45				
20:45-21:00				
21:00-21:15				
21:15-21:30				
21:30-21:45				
21:45-22:00				
22:00-22:15				
22:15-22:30				
22:30-22:45				
22:45-23:00				
23:00-23:15				
23:15-23:30				
23:30-23:45				
23:45-24:00				

자기 변화를 위한 일 유형분석

일 유형분석이란 무엇인가?

시간과 일은 동전의 양면과 같다. 따라서 어떻게 시간을 보내는가는 어떻게 일을 하는가와 같은 맥락이다.

'일의 유형'을 분석한 연구 결과를 보면 대체로 다음의 세 가지로 분류된다.

1) 일을 하지 않음

2) 필요한 일을 함

3) 불필요한 일을 함

다음 도표를 참고하면 사람들은 놀랍게도 '불필요한 일'을 하는데 업무시간의 약 40%를 할애하고 있다. 그런데 이 '불필요한 일'의 40%를 다시 분류하면 '하지 않아도 좋은 일'을 하는 데 약 30%, 그 밖의 불필요한 일을 하는데 약 10%의 시간을 보내고 있다.

'일을 하지 않는 경우'가 전체 근무 시간에서 차지하는 비율이 약 25%라는 사실은 얼마나 놀라운가? 자기 근무 시간의 1/4만 일을 할 따름이다.

결국 조직원이 회사가 필요로 하는 일을 하는 데는 전체 근무시간의 35% 미만밖에 되지 않는다. 실제로는 이보다 훨씬 더 적은 시간만 필요로 하는 일을 한다.

회사가 필요로 하는 일에 투입하는 시간을 35%라고 가정하더라도, 진정으로 필요한 '부가가치가 있는 일'은 그 중의 30%이고, 비 부가가치적인 일이 5%를 차지한다.

리더십이란 결국 이처럼 '불필요한 일'이나 '일을 하지 않는데' 투입하는 65%의 시간을 변화시켜서 '필요한 일', 특히 '가치 부가적인 일Value-adding'을 하는 데 시간을 투입하게 하는 것을 말한다.

자기변화를 위한 일 유형분석

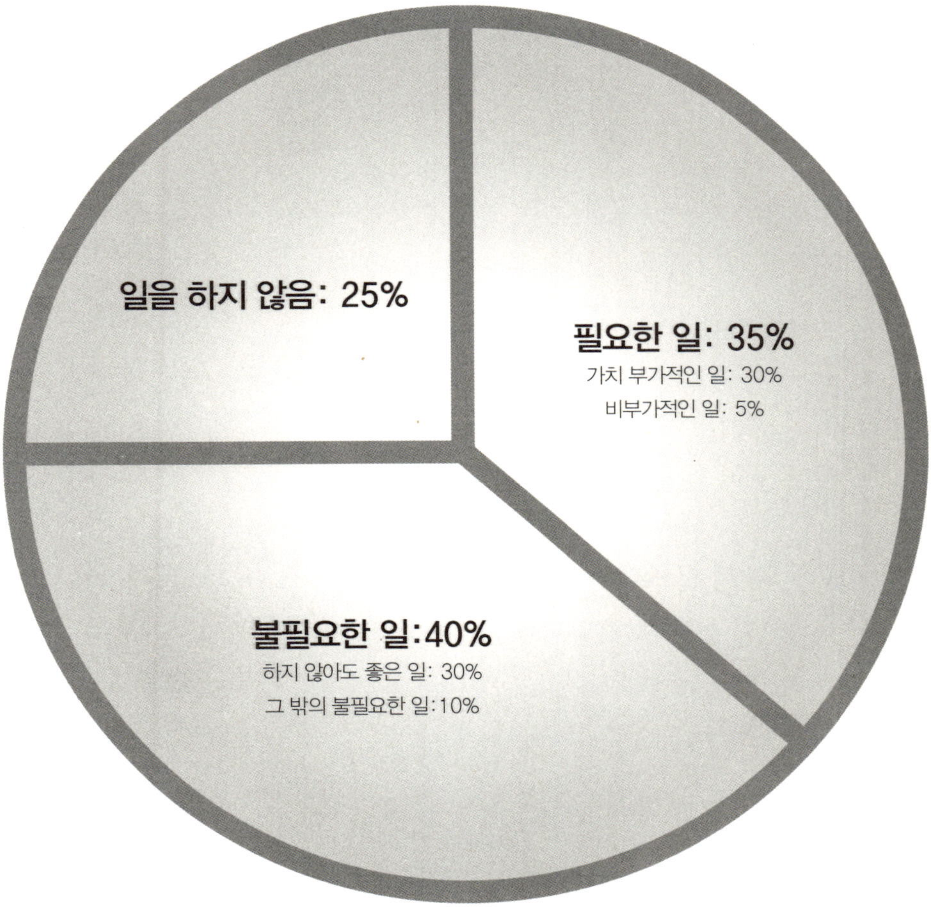

자기계발 리더십과 시간 관리 실습

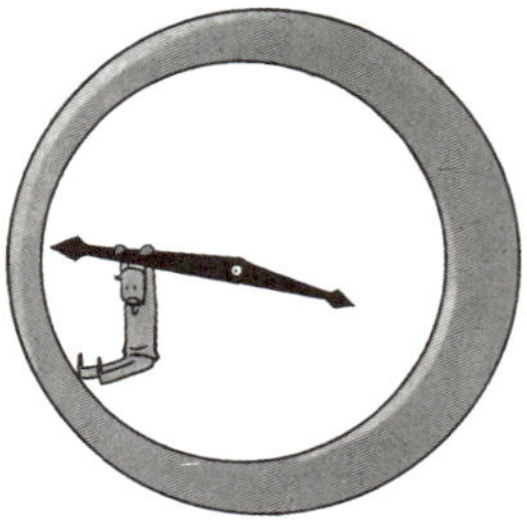

지시문

- 지시문에 나와 있는 내용대로 개인 활동 5개를 기록하라.
  이때 문장으로 작성하되 "~한다."라고 글을 만든다.
- 자기계발 리더십의 시간 관리는 다음과 같이 구성된다.
  제1과제: 긍정적 자기계발(개인 활동)
  제2과제: 긍정적 가정 변화(개인 활동)
  제3과제: 긍정적 팀 및 조직 변화(개인 활동)
- 각 카테고리에 대한 분류
  I 카테고리: 중요하고 급한 일들
  II 카테고리: 중요하지만 급하지 않은 일들
  III 카테고리: 중요하지는 않지만 급한 일들
  IV 카테고리: 중요하지도 않고, 급하지도 않은 일들

과제 1. 개인 변화와 시간관리

현재는 하고 있지 않지만, 만일 이것을 매일 정기적으로 한다면 내 자신을 엄청나게 또 긍정적으로 변화시킬 수 있는 활동은 무엇인가?

1)

2)

3)

4)

5)

I	II
III	IV

과제 2. 가정 변화와 시간관리

현재는 하고 있지 않지만, 만일 이것을 매일 정기적으로 한다면 내가 속한 우리 가정을 엄청나게 또 긍정적으로 변화시킬 수 있는 활동은 무엇인가?

1)

2)

3)

4)

5)

I	II
III	IV

과제 3. 조직변화와 시간관리

현재는 하고 있지 않지만, 만일 이것을 매일 정기적으로 한다면 내가 속한 팀 및 조직을 엄청나게 또 긍정적으로 변화시킬 수 있는 활동은 무엇인가?

1)

2)

3)

4)

5)

I	II
III	IV

Module 11

7단계Level 변화 리더십

7단계 변화 리더십: 근본에서 다시 시작하자

변화를 하려면 먼저 심층적 사고Depth Thinking를 해야 한다.

변화를 위한 사고는 7개 단계로 구성되어 있다. 심층적 사고는 질문력에서 시작한다.

자기계발을 위해서는 근본에서 다시 시작해야 한다.

심층적 사고를 하면 문제 해결의 근본에 가까워질 수 있다. 심층적 사고를 하는 사람은 생각의 폭이 넓고 깊기 때문에 사고의 질Quality of thinking이 그렇지 않은 사람들과 완전히 다르다.

변화의 7단계 이론은 미국 공군의 '이노베이션 전도사'로 세계적으로 유명한 랄프 스미스Rolf Smith 박사가 개발하였다. 그는 공군 혁신 외에도 EXXON엑슨 모빌, P&G피앤지, Microsoft마이크로소프트 등 다수 글로벌 기업들의 변화를 컨설팅하고 있다. 변화의 실체는 특정한 어느 하나가 아니니다. 일어나는 변화란 조직과 개인마다 모두 다르기 때문이다.

변화의 7단계

변화는 그 대상, 시기, 크기 등에 따라서 모두 다르다.

변화를 다루기 이전에 우선 '나부터 시작하기 위해서' 다음의 7가지 질문을 가지고 시작해 보자. 노트나 백지를 준비해서 각각의 질문에 생각나는 대로 기록하자.

(1) 내가 가진 스킬은 무엇인가?

여기에 대한 답은 주관적이어도 좋다.

(2) 내가 가진 능력은 어떤 것이 있는가?

이것 역시 주관적인 답이어도 상관없고 자신이 생각하는 자기 능력을 말해도 무난하다.

(3) 내가 가진 특성은 무엇인가?

나의 특성으로 남과 차별화가 되는 것, 남과 다른 것, 그리고 남과 나를 구별시켜 주는 것을 말한다. 여기에는 신체적, 정신적, 그리고 감정적인 것 등이 해당된다.

(4) 내가 가진 남다른 자질은 어떤 것이 있는가?

내가 가진 남들과 차별화 되는 능력 등도 여기에 포함된다.

(5) 나의 목표는 무엇인가?

자기가 달성하고 싶은 개인적 목표를 말한다. 이때 가능성 여부는 일단 고려하지 말자.

(6) 나의 희망은 무엇인가?

나의 소망 즉 내가 원하는 것을 말한다.

(7) 나의 꿈은 무엇인가?

이것은 그 꿈이 과연 이루어질지 여부와는 관계없다. 단지 내가 가진 비전이다.

레벨1 변화: 효과성Effectiveness

레벨1 변화는 기본 및 근본적인 것에 해당되는 것으로 '바른 일을 하는 것'과 관계된다. 예컨대 길거리에서 소변을 보는 일은 "바른 일인가, 바르지 않은 일인가?", 회의장이나 공연장에서 핸드폰 벨소리를 울리게 하는 것은 "바른 일인가?" 아니면 그 반대인가?

레벨1 수준의 변화는 '올바른지, 올바르지 않은지'로 구분되고 이는 쉽게 달성할 수 있다. 레벨1의 다른 예를 들어보자. 교차로 신호등이 적색으로 켜지면 운전자가 멈추는 것은 누구나 지켜야 하는 기본 단계의 행동이다. 하지만 이러한 기본적인 수준도 자신의 내면을 돌아보는 '내성법Introspective observation'을 이용한 질문으로 하는 것이 바람직하다.

레벨1 변화 실습

- 사고 수준Thinking level은 변화 수준Change level과 관계된다.
- 내성법을 통해서 1단계 변화를 작성한다.
- 실습지에 다음 내용을 기술하라.

① 나의 장점/단점?	
② 나의 스킬?	
③ 나의 능력은?	
④ 내가 남들보다 잘할 수 있는 것은?	
⑤ 내가 잘 알고 있는 것은?	
⑥ 나라는 존재를 만드는 요건은?	
⑦ 내가 가진 인생의 목표는?	

효과성은 '바른 일'을 찾아서 그것을 하는 것이다. 강의실에서 흡연을 하는 것이 바른 일인지 여부가 바로 '효과성Effectiveness' 과 관계된다.

레벨2 변화: 효율성

레벨2 변화는 '일을 바르게 하는 것'과 관계된다.

우리는 사다리를 잘 알고 있다. 사다리는 높은 곳에 올라가기 위해서 만들어진 도구이다. 그런데 이 사다리를 곧 무너질 벽에 기대어 놓았다고 하자. 이 사다리를 타고 올라가면 곧 쓰러질 것이다.

이 경우, 넘어지지 않는 튼튼한 벽으로 옮겨 사다리를 기대어 놓는 것이 레벨1에서 말하는 '바른 일'에 해당된다면, 이렇게 넘어지지 않게 세워놓은 사다리를 '남들보다 더 신속하게 타고 올라가는 것'이 레벨2에 해당되는 '일을 바르게 하는 것'이다.

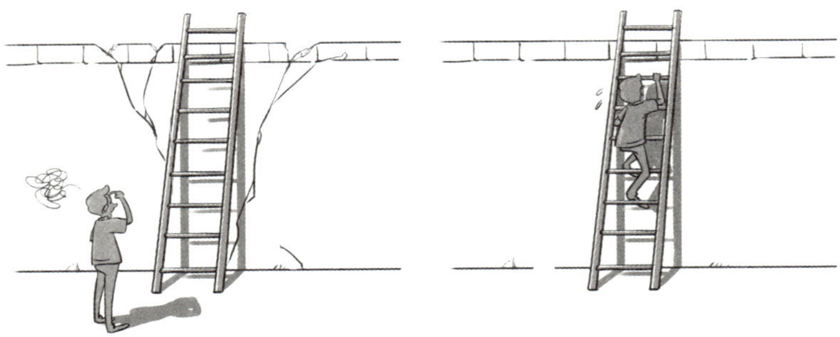

레벨2 변화 실습

• 일을 바르게 하려면 다음에 제시된 질문에 답할 수 있어야 한다.

① 내가 잘 할 수 있는 것은?	
② 내가 누구보다 가장 잘 할 수 있는 것은?	
③ 내가 다른 사람들보다 다르게 또 좀 더 잘 할 수 있는 것은?	
④ 내가 남들로부터 칭찬을 받는 것은?	
⑤ 내가 가진 기본적 자질은?	

레벨2 변화의 두 번째 단계–자기미션 개발

레벨 2 변화는 효율성과 관계되며, 더불어 개인미션 개발에 필요하다.

이 프로세스는 시간을 필요로 하기 때문에 우선 '개인미션 개발'부터 시작하자.

다음과 같은 심층 질문을 자신에게 던지고 이에 대한 답을 찾아보자.

1) "내가 가진 내 자신의 인생 목적은 무엇인가?"

이것은 "내가 왜 인생을 사는가?"하는 질문과 일맥상통한다.

2) "내가 인생에서 추구하는 것은 무엇인가?"

취미로 하는 것에 집중하든, 남과의 인간관계 형성에 주의를 기울이든 그 대상은 어떤 것이라도 관계가 없다.

3) "나는 내가 생각하는 바른 일을 어떻게 바르게 할 것인가?"

이 질문은 우선 '바른 일'이 무엇인가를 도출하는 데서 출발한다. 청년기에 학업을 종료하고, 취업하여 조직에서 성장하고, 가정을 꾸리는 일 등을 '바른 일'이라고 볼 수 있다.

자, 그러면 이들을 어떤 방법으로 '바르게' 할 것인가에 대해서 다음 시트에 작성해 보자.

질문	기록
① 나의 인생 목적은 무엇인가?	
② 내가 인생에서 추구하는 것은 무엇인가?	
③ 내가 생각하는 바른 일은 어떻게 바르게 할 것인가?	

레벨3 변화: 개선

레벨3 단계는 개선의 단계를 말한다.

개선이 단순한 초기 단계의 변화라고만 생각한다면 큰 오해이다. TOYOTA도요타가 세계 제 1의 자동차 회사로 성장한 것은 한발한발 쉬지 않고 추진해온 '개선'덕분이다. 이 회사에서는 "우리는 한 사람이 5,000m 나아가는 것보다 5,000명의 직원이 1m 나아가는 것이 낫다." 라고 생각한다. 개선은 단지 작은 변화가 아니다. 개선이 가지고 오는 결과는 사람들의 단순한 사고수준을 훨씬 뛰어 넘는다.

레벨3 단계의 실습은 내가 내 인생에서 하고 싶은 일, 즉 "자기 자신의 인생 목표"를 기록하는 것이다. 내가 인생에서 하고 싶은 101가지를 기술해보자. 이를 하기 위한 좋은 시간은 남들로부터 방해를 받지 않는 조용한 밤이다. 백지나 노트를 준비하여 잠자기 전에 스스로 작성해 보자.

처음 30개까지는 쉽게 기술할 수 있다. 갈수록 점차 어려워지고, 또 사고의 한계도 느끼게 된다. 그러나 마지막까지 도전하여 정리해 보자. 뒤로 갈수록 어떤 것들이 기술되었는지 살펴보자. 제시된 양식에 101가지를 모두 채우고 난 뒤에 각 단계별로 그 소감도 기록해 보자.

레벨3 변화 실습

- 내가 하고 싶은 일에 대해 '목표설정'을 하는 것은 인생에서 가장 중요한 과정이다.
- 오늘 밤 잠들기 전에 작성하라.
- 이때 반드시 101개까지 기록해야 한다.
- 인생 목표 101개를 설정하는 프로세스는 자기 자신을 자각하는 엄청나게 중요한 변화 과정이다. 어느 주말을 잡아서 시간이 많이 걸려도 반드시 취침 전에 완성해봐야 한다.

목표 기술 시트		
나의 인생 목표	1	21
	2	22
	3	23
	4	24
	5	25
	6	26
	7	27
	8	28
	9	29
	10	30
	11	31
	12	32
	13	33
	14	34
	15	35
	16	36
	17	37
	18	38
	19	39
	20	40

레벨3 변화 실습(계속)

목표 기술 시트		
나의 인생 목표	41	68
	42	69
	43	70
	44	71
	45	72
	46	73
	47	74
	48	75
	49	76
	50	77
	51	78
	52	79
	53	80
	54	81
	55	82
	56	83
	57	84
	58	85
	59	86
	60	87
	61	88
	62	89
	63	90
	64	91
	65	92
	66	93
	67	94

레벨3 변화 실습(계속)

목표 기술 시트		
나의 인생 목표	95	99
	96	100
	97	101
	98	
작성이 끝난 후 나의 소감		

레벨4 변화: 없애고 제거하기Cutting

레벨4 단계의 변화는 '제거하고 없애는 것'에 관계된다.

불필요한 것, 안 해도 좋은 것을 찾아내어 이를 제거하는 것이다. 이 방법은 카이젠Kaizen으로 세계 초일류 기업으로 우뚝 선 일본의 도요타에서 시작하였다. 이 회사는 개선과 동시에 '무다운동'- 불필요한 것 제거하기 운동 - 을 창업 이래 지금까지 70~80년 지속해오고 있다. 레벨4는 이처럼 '불필요한 것 제거하기'단계이다.

우리는 살아가면서 얼마나 많은 불필요한 일을 하고 있는가. 불필요한 일을 하는 이유는 습관이 되거나 조건화가 되어서 그렇다. 과거에 해왔기 때문에 단순 반복적으로 하는 일은 얼마나 많은가. 나쁜 습관은 모두 여기에 해당된다. 흡연, 음주, 투정 부리기, 부정적 사고, 남에 대한 부정적 비판, 상대방에 대한 비난 등이 여기에 해당된다.

이상과 관련되는 내용을 시트에 작성해 보자. 그리고 만일 내가 이것을 제거하거나 또는 없애버린다면, 자신에게 어떤 긍정적 결과가 돌아올 것인지를 기록해 보자.

레벨4 변화 실습

- 사고 프로세스 중 제4단계는 불필요한 것, 바람직하지 않은 것, 낭비 등을 제거하는 것이다. 이것이 바로 컷팅Cutting이다.
- 우리가 습관 때문에 반복하는 불필요하고 비생산적인 활동과 연계되는 것으로 개인, 가정, 조직, 국가 등도 반드시 해야 할 필요한 프로세스이다.

내가 가진 나쁜 습관, 버릇, 사고 등을 10가지 찾아서 다음에 기술하고 이를 어떻게 제거할 것인가 그 방안을 작성하라.

나쁜 습관/버릇	언제 이것을 시작했는가?	이것은 어떤 네가티브 영향을 미치는가?	내가 이 행동을 중지하면 어떻게 되는가?
①			
②			
③			
④			
⑤			
⑥			
⑦			
⑧			
⑨			
⑩			

레벨5 변화: 모방하기 Benchmarking

레벨5 변화에서는 벤치마킹을 한다.

'남들에게' 향하는 변화를 하기 위해서는 '나로부터' 시작해야 한다. 변화란 자신에서 시작해서 상대방을 거쳐 다른 많은 사람들에게 퍼지는 현상이기 때문이다. 그러므로 먼저 개인적으로 변화를 시도하고, 다음 단계에서 다른 사람이 변화에 공감하고 또 동참하게 해야 한다.

5단계 실습은 자신의 원칙과 신념을 바탕으로 관심과 주의를 외부로 향하는 것이다. 자신이 가진 원칙과 신념은 가족이나 친구 등 주위에 있는 사람들로부터 학습했고, 또 이들로부터 영향을 받았다. 모방을 통한 학습사례는 유아들에게서 쉽게 볼 수 있다. 유아들은 엄마의 입모양을 모방함으로써 말을 배운다. 모방을 한다는 것은 창조력의 첫 단계이다. 남들과 비슷하게 해 봄으로써 새로운 발상을 하게 되고 이런 과정에서 창조적 아이디어도 나타나게 마련이다.

레벨5 변화 실습

- 내가 존경하고, 따르고 또 배우고 싶은 벤치마킹 대상은 누구인가?

1. 내가 벤치마킹하고 싶은 대상은 누구인가?	
2. 이들은 자기 인생을 어떻게 살아가고 있는가?	
3. 이들은 자신의 생활방식을 어떻게 고쳐왔는가?	
4. 이들은 신념과 원칙을 바꾼 경험이 있는가? 또 언제 어떻게 바꿨는가?	
5. 오랜 세월이 흘러도 이들이 바꾸지 않은 신념과 원칙이 있다면 그것은 무엇인가?	

레벨LEVEL 6 변화: 다르게 하기Doing differently

레벨6 변화에서의 사고의 특성은 다음과 같다.

1) 수평적 사고Lateral Thinking를 해야 한다.

2) 기존 입장Positioning에서 이탈하여 사고한다.

3) 기존의 습관적 사고와 단절한다Disconnecting.

4) 중심부中心部사고에서 벗어나 변두리적 사고로 이동한다.

5) 완전히 다른 측면에서 사물을 본다.

6) 생각하는 각도를 대전환Changing perspective completely한다.

7) 완전히 다른 측면, 다른 각도 나아가 다른 방식으로 사물을 본다.

이를 위한 레벨6 변화의 조건을 살펴보자.

1) 지금까지 해오던 일과 다르게 한다.

2) 다른 사람이 하지 않는 일을 한다.

3) 하는 일을 다른 사람과 다르게 한다.

4) 이같이 일을 다르게 하려면 수평적 사고가 요구된다.

레벨6 변화 실습

- 6단계에서 해야 할 일은 자기 자신을 차별화시키는 일이다.
- 자기 자신을 자기답게 만드는 독특한 요소들은 무엇인가? 자신만이 가진 경험, 신념, 원칙, 목표, 동기 등은 무엇인가?
- 자신의 비전이나 상황 그리고 생활을 독특하게 만들 수 있는 남다른 사명은 무엇인가?
- 자신의 가치관, 원칙, 장점 그리고 신념 등이 한 덩어리가 되어 나만의 독특unique한 사명을 완수하는 데 기여해야 한다.

나만이 가진 남다른 독특한 측면은 무엇인지 다음에 기술하라.

1) 신체적 측면	
2) 정신적 측면	
3) 사회 정서적 측면	

"위대한 생각이란 우리가 마음의 눈으로 동일한 대상을 다르게 보는 것이다."
"A great thought is being by seeing something differently with as high of the mind's eyes."

– 알버트 아인슈타인 Einstein

레벨7 변화:
불가능한 것을 하기 Doing impossible

비전을 가지면 사고 능력을 확장시켜서 7단계 사고인 불가능한 일에 도전하는 데 도움이 된다. 7단계에서는 현재 직면하는 위기나 도전에 해결책을 발견하는 것이 아니다. 그 대신 불가능하다고 생각해 온 것에 도전하는 것이다. 비전 및 꿈을 품는 것을 두려워하지 말자. 이것은 우리가 믿을 수 없을 만큼 놀라운 일을 시작하게 하는 출발점이 된다.

불가능한 일을 한 사례 연구

적에게 "보이지 않고, 공격 당하지 않는 비행기가 있다면 얼마나 좋을까?" 이 같은 비행기를 만들려면 무엇을 해야 할까? 이것을 실행시키는 전제조건으로 비행기의 동체를 이루는 소재가 레이더에 포착되지 않아야 한다. 항공기의 날개의 각도 역시 레이더에 포착되지 않도록 설계하지 않으면 안된다. 이같이 시작한 사고에서 바로 7단계 변화가 일어나 불가능이 가능성으로 바뀌었다. 꿈의 전투기 스텔스 Stealth Fighter는 이렇게 7단계 변화에 도전한 결과 탄생되었다.

이것이 스텔스 전투기라 불리는 록히드 스컹크워크 Lockheed Shunk works의 E-117항공기이다.

레벨7 변화 실습

- 불가능한 것에 대해서 생각해보라.

"만일 …라면 얼마나 좋을까?"라는 소망을 가져보자. 5년, 10년, 20년 뒤에 나는 어디서 어떻게 되어 있고 싶은가? 여기에 도달하기 위한 출발점과 이를 인도하는 방향 제시 나침반은 우선 내 자신의 희망사항을 적어보는 일이다.

이루고는 싶지만 현재는 어렵고 불가능하다고 생각하는 희망을 기록한다. 그러나 희망이기 때문에 불가능하다고 생각하지 말고 다음에 적어 보자.

3년 후

1) ______________________________

____

2) ______________________________

____

3) ______________________________

____

4) ______________________________

____

5) ______________________________

____

5년 후

1) ______________________________

____

2) ______________________________

____

3) ______________________________

____

4) ______________________________

____

5) ______________________________

____

10년 후

1) ______________________________

____

2) ______________________________

____

3) ______________________________

____

4) ______________________________

____

5) ______________________________

____

Module 12

자기 변화 3차원

자기 변화 3차원

사람은 누구나 변화한다. 변화는 성장, 발달, 노화, 사망 등과도 관계 된다.

지구상에 변화하지 않는 생물체란 없다. 사람은 출생 후, 유아기, 소년기, 청년기, 장년기, 노년기 그리고 사망으로 가는 과정을 밟는데, 이 같은 단계는 모두 변화로 이루어진다. 우리가 가치Worth; Value를 개입시키지 않고 본다면 바뀌는 모든 것은 변화에 해당된다.

변화를 긍정적으로 또는 부정적으로 보는 것은 우리가 가진 '가치관', 즉 "좋다 또는 나쁘다."를 개입시키기 때문이다. 변화에 익숙해지는 것, 매일을 변화하면서 사는 것은 오늘날 세상을 살아가는 지혜이다.

'자기 변화 3차원'의 실천은 먼저 '자기 자신으로부터 출발'한다.

하나밖에 없는 '나'라는 존재를 어떻게 긍정적으로 바꿀 것인가 하는 것이 이 실습의 목표이다. 너무나 귀중한 존재인 '나', 나의 존재를 구성하는 요소-신체, 정신, 감정-들을 우리는 너무나 무심하게 오랫동안 방치해 온 것은 아닌지 성찰해 보자.

자기변화 3차원 실천 계획서

'나'라는 존재는 다음의 3가지 중요한 요소로 구성되어 있다.

1) 신체(몸뚱이)

2) 정신(영혼)

3) 사회적 관계(인간관계)

자기 리더십과 자기 변화를 다루는 이 책의 마지막 모듈은 '내가 변화시켜야 할 것'을 찾아서 시트에 기록하고 추후 실천하는 액션 플랜 Action Plan을 작성하는 것이다.

혼자서 변화를 하려면 대단히 어렵다. 따라서 누구와 어떻게, 그리고 언제 이것을 할 것인지를 구체적으로 기록한다.

변화의 시발점은 작은 일도 기록하는 데서 출발한다는 것을 명심하라.

자기 변화 3차원 Action Plan

	언제	무엇을	어떻게	누구와
신체(몸) · 운동 · 음식/영양 · 스트레스 대처방안				
정신(영혼) · 독서/글쓰기 · 가치관 · 생의 의미				
사회(감정) · 정서 · 인간관계 · 의사소통				